Campañas Electorales Exitosas:
Ganar el Poder en la Era del Entretenimiento

Andrés Valdez Zepeda

Delia Amparo Huerta Franco

Índice de contenidos

Presentación

La política, para ser exitosa, ha de ser entretenida, ya que los políticos aburridos, tristes y tediosos no pueden salir victoriosos bajo sistemas electorales sustentados en la gestión del afecto de los votantes y la construcción libre de lealtades electorales, como es lo característico bajo sistema de cuño democrático.

Este principio, cobra especial validez y significado bajo un contexto conocido como la "era del entretenimiento," en la que los ciudadanos más que mostrar un interés en la política y los asuntos propios de la organización, renovación y estructuración del poder público y los asuntos del Estado, parecen estrás más interesados en aspectos relacionados con el entretenimiento, la diversión, el esparcimiento y el espectáculo.

Esta realidad de la política no es nueva, pero si se ha observado una pronunciada tendencia hedonista de los ciudadanos en los últimos años en la que lo importante es el humor, la diversión y el espectáculo que genera la vida y la propia política y que, finalmente, produce placer, entretiene y agrada a la gente. Esta tendencia, no hubiera sido posible, en la magnitud que ha cobrado en los últimos años, sin la participación, por un lado, de los medios masivos de comunicación, principalmente los electrónicos, quienes se han convertido en los canales privilegiados para entretener y divertir a los ciudadanos y, por el otro, sin la existencia de grandes masas de electores ávidas y deseosas de vivir momentos de placer y entretenimiento.

Esta nueva realidad, ha está generando cambios sustanciales en la forma como se realizan las campañas y en el perfil de los candidatos que finalmente logran salir victoriosos de los procesos electorales. De esta forma, se ha observado una tendencia global en la que campañas electorales festivas, entretenidas, coloridas y, sobre todo, lúdicas, son las que logran ser exitosas. De la misma forma, candidatos entretenidos, con buen sentido del humor y, sobre todo, alegres y competentes en gestionar el afecto de los votantes, resultan ganadores de los procesos electorales. Contrariamente, campañas aburridas, deslucidas, *insaboras* e incoloras, que postulan a candidatos aburridos, tristes y tediosos generalmente son campañas fracasadas. [1]

---

[1] Aquí es importante señalar que lo lúdico, no necesariamente se contrapone con los principios, los ideales y los proyectos políticos de nación. Al contrario, de lo que se trata, bajo esta nueva era, es de incorporar la dimensión lúdica en las actividades propias de la política moderna.

En este sentido, el presente trabajo reúne cuatro ensayos independientes, mismos que pueden leerse por separado, sobre las campañas electorales lúdicas, habla de sus características, su importancia, su articulación estratégica y, sobre todo, muestra casos exitosos de este tipo de campañas que se han presentado en los últimos años, tanto en México como en otros países.

En lo particular, sobre las campañas lúdicas se aborda el estudio de casos exitosos en México en los años 2006 y 2009. Sobre el uso de la música como estrategia persuasiva de carácter lúdico en las campañas electorales, se estudia la elección presidencial de los Estados Unidos de Norteamérica en el 2008 y sobre el uso del color como estrategia persuasiva en la política electoral, se aborda el caso de los partidos políticos nacionales de México. En otro capítulo, se analiza el uso del humor como estrategia de persuasión en las campañas electorales y en la política y el liderazgo, en lo general. Finalmente, se presenta a manera de colofón, una revisión de lo que han sido las campañas electorales en el pasado y lo que, se estima, pueden ser en el futuro. Como anexos se presenta, en primer lugar, el trabajo intitulado "¿Qué mueve a los votantes? Un análisis sobre las razones del comportamiento político del elector," donde se habla de las más diversas e insólitas motivaciones de los electores y, en segundo lugar, el documento denominado "El arte de construir el lema de la campaña."

Campañas Electorales Lúdicas

Un buen político debe tener
un buen sentido del humor.

1. Introducción

A nivel general, se está observando una nueva forma de hacer, entender y procesar la política. Esta nueva modalidad, se desarrolla bajo un contexto mundial conocido como la "era del entretenimiento," donde los ciudadanos parecen estar más interesados en la diversión, el esparcimiento y la recreación que en el contenido mismo de la política. Es decir, se está imponiendo lo lúdico como una necesidad básica del ser humano que trastoca e incide en todos los campos de desarrollo humano, incluyendo la política. En esta área, al parecer, se está imponiendo una tendencia creciente en la que la forma se sobrepone al contenido, la imagen al mensaje, la expresión corporal a la comunicación verbal y el jolgorio al formalismo.

Bajo este nuevo contexto, las campañas electorales están experimentando, también, cambios en la forma de organizarse, publicitarse y, sobre todo, tratar de captar la atención y el voto de los ciudadanos. Por su parte, el tipo de candidatos que apoyan y privilegian los electores y frecuentemente logran un mayor éxito durante las campañas son aquellos más competentes en el arte de entretener, divertir, caer bien y agradar. En otras palabras, los candidatos más competentes en gestionar el afecto y la simpatía de los electores son los que finalmente logran salir victoriosos en los procesos electorales.

De esta forma, por ejemplo observamos que candidatos carismáticos y seductores, como José Luis Zapatero en España, Barack Obama en Estados Unidos de Norteamérica, Nicolás Sarcozy en Francia, Sebastian Piñeira en Chile o David Cameron en Reino Unido, se han impuesto a candidatos con un rostro más triste, con un lenguaje más burocrático y aburrido como Mariano Rajoy, John McCain, Segolene Royal, Eduardo Freid y Gordon Brown, por señalar algunos. En otras palabras, los candidatos aburridos, tristes y tediosos no ganan elecciones.

¿Por qué se presenta este tipo de fenómeno? ¿Qué está generando los cambios en las preferencias y comportamiento de los electores? ¿Por qué las campañas lúdicas se están imponiendo por encima de las campañas electorales tradicionales? ¿Qué tendrían que hacer los candidatos y partidos para ser más exitosos en las campañas desarrolladas en la "era del entretenimiento"?

2. Metodología

En esta investigación, se procedió a realizar, en un primer momento, una revisión bibliográfica sobre la temática de la lúdica y la naturaleza humana. En un segundo momento, se realizó una revisión extensa hemerográfica y en Internet de estudios y artículos sobre el *homo ludens*, la "era del entretenimiento" y el tema de las campañas electorales. En un tercer momento, se revisó los casos de las campañas para gobernador en Coahuila y Nayarit del 2005 y de una elección para diputado federal en el estado de Chihuahua en el 2009, como ejemplos emblemáticos de campañas lúdicas en México.

En un cuarto momento, se levantó una encuesta aleatoria en la vía pública entre 385 electores de la ciudad de Guadalajara días 12 y 15 de abril del 2010 para saber su opinión sobre la valoración que hacen los votantes sobre las acciones lúdicas presentes en las campañas y su efecto en su comportamiento electoral. La población de la ZMG era de 4 millones 295 mil habitantes para abril del 2010.[2]

Se consideró un error estadístico de $+_-5\%$ y una confiabilidad del 95% (Scheaffer 1987 y Lohr 2000). La selección de los entrevistados fue mediante una muestra aleatoria por conglomerados. Finalmente, se procedió tratar de explicar las razones del por qué las campañas lúdicas logran ser mayoritariamente exitosas en la política electoral tanto a nivel global como local.

3. Estado del Arte

La bibliografía existente sobre el tema de la lúdica y la política no es abundante.[3] Contrariamente a lo esperado por la importancia del tema, son pocos los estudios serios que se han realizado respecto al uso de la lúdica como estrategia política. De la misma forma, en el caso de las campañas electorales lúdicas poco se han investigado y documentado sobre este "nuevo fenómeno," cuya relevancia en la política contemporánea es más que sobresaliente. Al respecto de esto último, sobresale el trabajo de Joseph Napolitan, intitulado "El juego de las elecciones y cómo ganarlo"[4] en la que se conceptualiza a los procesos electorales como juegos estratégicos que reclaman competencias ejecutivas para poderlos ganar.[5]

---

[2] De acuerdo al Consejo Estatal de Población de Jalisco (COEPO), la población de cada uno de los municipios de dicha zona, para abril del 2010, fue la siguiente: Guadalajara con un millón 572 mil; Zapopan, un millón 247 mil; Tlaquepaque, 617 mil; Tonalá, 451 mil; Tlajomulco, 279 mil, y El Salto, 129 mil personas.

[3] Sobre el carácter lúdico de la naturaleza humana, puede consultarse a Huizinga, Johan (2000). *Homo Ludens*, España: Alianza Editorial.

[4] Véase Joseph Napolitan, El Juego de las elecciones y cómo ganarlo, Biblioteca de política y elecciones, EDIPLA- EDITORES, 1995.

[5] Napolitan apunta en este libro que "si una campaña no tiene sus momentos de alegría y de risa, o de locura pura, entonces se vuelve aburrida y deprimente. No hay nada más debilitante que una

A continuación, se abordará la temática referente a la naturaleza lúdica del elector, la política entendida como acción lúdica con fines específicos y las campañas electorales sustentadas en estrategias lúdicas.

a. El Elector Lúdico

El término lúdico proviene de latín *ludus*, que significa todo aquello propio o relativo al juego o la diversión. Por su parte, la lúdica es definida como el arte de generar placer o diversión a través del juego.[6] El concepto de lúdica es tan amplio como complejo, pues se refiere a la necesidad del ser humano, de comunicarse, de sentir, expresarse y producir en los seres humanos una serie de emociones orientadas hacia el entretenimiento, la diversión, el esparcimiento, que nos llevan a gozar, reír, gritar e, inclusive, llorar en una verdadera fuente generadora de emociones.[7] De acuerdo a Carlos Alberto Jiménez V. "La lúdica como proceso ligado al desarrollo humano, no es una ciencia, ni una disciplina, ni mucho menos, una nueva moda. La lúdica es más bien una actitud, una predisposición del ser frente a la cotidianidad, es una forma de estar en la vida, de relacionarse con ella, en esos espacios en que se producen disfrute, goce y felicidad, acompañados de la distensión que producen actividades simbólicas e imaginarias como el juego, la chanza, el sentido del humor, la escritura y el arte.[8]

---

campaña melancólica y un candidato sin humor."

[6] De acuerdo a **Johan Huizinga** "conceptualiza el juego, como *"una acción u ocupación libre, que se desarrolla dentro de límites de tiempo y espacio determinados, según reglas obligatorias, aunque libremente aceptadas, acción que tiene su fin en sí misma y va acompañada de un sentimiento de tensión y alegría, así como de la conciencia de que en la vida cotidiana, es diferente. Una de las características del juego, es ser básicamente una actividad libre. El involucrar a un individuo en un juego por mandato deja su característica de juego, es decir, el juego en sí mismo, no debe suponer ninguna obligación, ya que cada individuo debe decidir participar en este o no." (El homo Ludens).*

[7] Véase http://www.ludica.org/

[8] Véase http://www.todoarquitectura.com/v2/foros/topic.asp?Topic_ID=36006

[9] Es decir, el hombre es también por naturaleza hedonista. Según la real academia española de la lengua, hedonismo es la doctrina que considera el placer como el fin de la vida, por lo que se deduce que los seres humanos deberíamos dedicarnos exclusivamente a vivir en su eterna búsqueda.

[10] Este tema ha sido analizado desde diferentes perspectivas por sicólogos, pedagogos, filósofos, antropólogos, sociólogos e historiadores, entre otros.

[11] El juego puede ser entendido como un espacio, asociado a la interioridad con situaciones imaginarias para suplir demandas culturales (Vigotsky), como un estado liso y plegado (Deleuze), como un lugar que no es una cuestión de realidad síquica interna ni de realidad exterior (Winnicott), como algo sometido a un fin (Dewey); como un proceso libre, separado, incierto, improductivo, reglado y ficticio (Callois), como una acción o una actividad voluntaria, realizada en ciertos límites fijados de tiempo y lugar (Huizinga) . Desde otras perspectivas, para potenciar la lógica y la racionalidad (Piaget), o para reducir las tensiones nacidas de la imposibilidad de realizar los deseos (Freud)".

El hombre es un animal lúdico (*homo luden*) que se encuentra en una constante búsqueda de placer,[9] goce, diversión y disfrute, mismo que los obtiene a través de diferentes medios y satisfactores de distinto tipo.[10] Uno de ellos, por ejemplo, es a través del juego.[11] Sin embargo, es importante señalar que la mayoría de los juegos son lúdicos, pero la lúdica no sólo se reduce a la pragmática del juego.[12]

Es decir, el hombre encuentra placer, goce y diversión no sólo a través de los juegos, sino también por medio de diferentes actividades, prácticas y acciones propias de su cotidianidad. En este sentido, el elector siempre está en búsqueda de la diversión y el placer no sólo como una necesidad fisiológica, sino también como una cultura inducida, principalmente a través de los medios de comunicación y el sistema cultural y económico-político, como un elemento más de consumo, a lo largo de los años

En la medida en que el hombre moderno está necesitado, real o inducidamente, de diversión, placer y goce para sentirse satisfecho, contento y feliz, entonces se genera una necesidad o percepción de necesidad que puede ser satisfecha, ya sea por un empresario, un gobernante o un político.

En el ámbito electoral, los políticos al conocer sobre la necesidad del hombre de divertirse y, a través de esto, generar una sensación de gozo o disfrute, impulsan una serie de acciones y actividades orientadas a lograr entretener y agradar a los electores, impulsando campañas festivas, coloridas y alegres. De esta manera, muchas de las campañas electorales se han convertidos en verdaderas "fiestas de la democracia," en carnavales populares en el que se busca persuadir y entretener con payasos, música, regalos y acciones estrafalarias a los votantes.

b. La Política Electoral Lúdica.

Históricamente, la política ha estado relacionada con la diversión y el entretenimiento. Por ejemplo, desde la época romana, el poeta Juvenal señalaba desde el siglo I, que para gobernar a la muchedumbre, se requería "pan y circo." Desde entonces, los emperadores romanos regalaban trigo y entradas para los juegos circenses como una forma de control político y distracción del pueblo.

---

[12] Ahora bien, la concepción de lo lúdico no se reduce sólo al juego y la diversión o el entretenimiento, sino que lo trasciende, ya que, por ejemplo, lo lúdico también se encuentra en la expresión, el arte, la creatividad, la recreación y el ocio.

El emperador Nerón, quien gobernó a Roma en los primeros años de nuestra era, fue celebre por su adicción a las fiestas de disfraces, francachelas y celebraciones estrafalarias, usando el entretenimiento de la gente como instrumento de control y legitimidad política, así como para deshacerse de sus adversarios o enemigos.

En épocas más recientes, los políticos han seguido con la idea de entretener y distraer a la población. Esto se ha dado bajo regímenes totalitarios, autoritarios y democráticos. Por ejemplo, Adolfo Hitler fue una gran seductor y encantador de masas, quien uso, entre otros medios, la distracción, el entretenimiento y la diversión como estrategia para acceder al poder en Alemania. El mismo Pinochet en Chile, era un personaje que fascinaba a las masas, tenía una alta capacidad para impresionar, encantar y, sobre todo, organizaba celebraciones majestuosas y entretenidas para demostrar poder. En España, Francisco Franco se apoyó en el uso de la música como parte de su sistema propagandístico. [13]

Bajo regímenes democráticos, la lúdica se ha utilizado como estrategia de persuasión y seducción política, ya sea por republicanos o conservadores, por liberales o progresistas, por socialdemócratas o por democratacristianos.[14] De hecho, hoy día no hay candidato a un puesto de elección popular o político exitoso que no se apoye en diferentes estrategias lúdicas para tratar de conservar o acceder al poder político. Al respecto, Carlos Gutiérrez señala que "la política tiene, para conservarse como tal, que no ser seria; tiene que ser lúdica, so pena de perder su esencia."[15]

Por su parte, Antoni Gutiérrez Rubí (2010) señala que los tristes no ganan elecciones, ya que no son capaces de liderar emociones positivas, sin las cuales no hay proyecto, ni comunidad, ni esperanza. Tampoco los tristes, agrega, puede seducir, ni influir ánimos colectivos. [16]

En consecuencia, la política, en la era del entretenimiento, debe ser lúdica para garantizar ser exitosa. Ser lúdica implica no sólo usar el juego, el humor y la sonrisa[17] como estrategia de persuasión, sino, sobre todo, lograr cautivar, seducir,

---

[13] Véase, José Antonio Muñiz Velázquez, "La música en el sistema propagandístico Franquista" en Revista Historia y Comunicación social, 1998, No. 3. p. 343-363.

[14] Para algunos críticos de la democracia, este sistema es aburrido, banal y costumbrista, que finalmente no logra generar la participación y el interés de una gran parte de la ciudadanía.

[15] Véase Carlos Gutiérrez, "La política como encantamiento," en http://vvvw.nacion.com/ln_ee/2009/febrero/13/opinion1873453.html, Fecha de consulta: 1 de junio del 2010.

[16] Véase Antoni Gutiérrez Rubí, http://www.slideshare.net/Antoni/los-tristes-no-ganan-elecciones, fecha de consulta, 1 de junio del 2010.

entretener y generar la sensación de goce y diversión entre la gente a través de las palabras, las acciones, la propaganda y las diferentes interrelaciones sociales.

c. Campañas electorales lúdicas.

Las campañas electores son ejercicios recurrentes de las democracias modernas para elegir a los representantes populares y, de esta forma, acceder a posiciones de poder político. Durante estas campañas, se busca seducir y cortejar a los electores para construir mayorías electorales estables. Es decir, las campañas son ejercicios de cortejo y seducción de los electores, mismos que se logran concretar gracias a distintas acciones de carácter lúdico que impulsan diferentes partidos y sus candidatos.

Por ejemplo, es muy común el que la música, los payasos y las festividades acompañen y nutran a las campañas electorales. Uno de los antecedentes más señalados en la que la música y el circo se usaba en la campaña con el objetivo de atraer la atención de los votantes fue el caso de la campaña presidencial de Zachary Taylor en 1848, postulado por el Partido Whig (antecesor del Partido Republicano) en los Estados Unidos de Norteamérica. Taylor había invitado a su campaña a un amigo, Dan Rice, que trabajaba como payaso y quien poseía un carro (el *bandwagon*) acondicionado para llevar una banda musical para entretener a la gente.

Dan Rice acompañó durante toda la campaña al candidato, realizando diferentes espectáculos musicales que fueron altamente aceptados y aplaudidos por los electores. El *bandwagon* avanzaba ciudad tras ciudad, llevando consigo no sólo la banda musical, sino también al candidato y a sus principales colaboradores. Al final, Taylor ganó la elección convirtiéndose en el doceavo presidente de los Estados Unidos de Norteamérica. Desde entonces, los candidatos y partidos, ya no sólo de este país sino de todo el orbe, utilizan la música como un medio ya no sólo para atraer la atención de la gente, sino también para comunicar un mensaje y para persuadir a los electores. [18]

Es decir, las campañas electorales, a lo largo de la historia, han estado acompañadas no sólo de una "bandera electoral," sino también de la lúdica como herramienta persuasiva para gestionar mejor el afecto de la gente, caer bien, agradar y, finalmente, triunfar.

[17] La risa es esencialmente humana y ayuda al desarrollo y bienestar del hombre. Por un lado, la risa libera endorfinas, que son las hormonas responsables de generara la sensación de bienestar; así como genera oxitocinas, las cuales son responsable del placer sexual y produce adrenalina que ayuda a bajar los niveles de hipertensión.

[18]Véase http://www.leononline.net/articulos/NewsDetails.php?ID=159

De hecho, las campañas electores coloridas, alegres y festivas, que se acompañan de música, payasos, festejos, conciertos, charreadas, juegos y de diferentes acciones de esparcimiento, son las que resultan más exitosas en la política contemporánea. Durante estas campañas, el objetivo no sólo es transmitir un mensaje, posicionar una idea, organizar y movilizar a los votantes, sino hacerlo de tal forma que se emocionen, persuadan y seduzcan.

En este sentido, las campañas lúdicas cumplen diferentes funciones. La primera es cognitiva, dándole visibilidad política y conocimiento social sobre la existencia de la campaña y sus candidatos. La segunda es comunicativa, al posicionar un mensaje y una imagen de los partidos y candidatos participantes durante las campañas en la mente y corazón de los electores. La tercera es formativa, ya que logra adoctrinar y difundir una determinada ideología o proyecto alternativo de nación. La cuarta es hedonista, porque logra concitar momentos de placer y goce entre los votantes.

Durante este tipo de campañas, la palabra, el humor y la risa son los aliados naturales de la política. Son, de hecho, las armas estratégicas más importantes con los que cuenta un político para lograr gestionar el afecto de la gente, caer bien, agradar y entretener. Lo mismo, lo ha usado Barack Obama del Partido Demócrata en los Estados Unidos de Norteamérica, como David Cameron del Partido Conservador en Reino Unido, por señalar algunos ejemplos.

En este sentido, es importante no sólo postular a candidatos carismáticos, altamente competentes en el arte de la seducción, que sean astutos para movilizar sentimientos y lograr una conectividad emocional con la gente, sino también capacitarlos en el arte de saber entretener y agradar a los electores, que a través de su sonrisa, por ejemplo, puedan comunicarse y, sobre todo, seducir y cautivar a la gente.

4. Resultados y análisis de las encuestas.

Para reforzar el planteamiento central de este trabajo, se procedió, como se comentó antes, a levantar una encuesta de opinión sobre el tema de lo lúdico en la política mexicana en la Zona Metropolitana de Guadalajara.[19] Al respecto, se encontró lo siguiente.

---

[19] La encuesta en comento, se levantó en esta área geográfica de México por estar más al alcance y cercana al lugar donde trabajan los autores de esta investigación.

Sobre la preferencia televisiva, el 88 por ciento de los entrevistados señaló que "ve con mayor frecuencia programas de entretenimiento" y sólo el 12 por ciento "ve o prefiere ver en la televisión programas de noticias."

El 83 por ciento de los entrevistados señaló, además, que "era más importante ver un partido de futbol en la televisión o un programa de entretenimiento que acudir a votar en las elecciones." Por su parte, sólo un 14 por ciento señaló que "era más importante ir a votar el día de las elecciones." El resto (3%), no contestó la pregunta.

Respecto de la pregunta, de si consideraba aburrida o entretenida la política, el 68 por ciento de los entrevistados señaló que "era aburrida y sólo el 28 por ciento contestó que "era entretenida." El 65 por ciento de los entrevistados, señaló que al momento de votar en una elección constitucional, toma en cuenta al candidato, el 26 por ciento al partido y el 4 por ciento no contestaron.

Respecto del cuestionamiento sobre el perfil del mejor candidato, el 93 por ciento de los encuestados señaló "alguien que sea entretenido" es el tipo de candidato que considera que es mejor para ocupar un cargo de elección popular y sólo un 4 por ciento contestó que "alguien que sea aburrido." De igual forma, el 93 por ciento de los entrevistados señaló que el mejor candidato es aquel que "sabe gestionar el afecto y la simpatía de los electores," mientras que el 5 por ciento restante señaló que "la gestión del afecto y la simpatía de los electores por parte de los candidatos no era importante en las campañas."

Sobre la pregunta respecto del tipo de campaña que prefieren los entrevistados que impulsen los partidos políticos y sus candidatos, el 74 por ciento señaló "campañas festivas, alegres y coloridas," mientras que un 23 por ciento, señaló que "no importaba el tipo de campañas, sino las propuestas de los candidatos." Sobre la pregunta del por qué cree que los electores prefieren mayoritariamente a los candidatos que son más entretenidos que los aburridos, el 79 por ciento señaló que por que "le caen bien a la gente." De igual manera, sobre la pregunta del por qué cree que las campañas festivas y alegres son más aceptadas y apoyadas por los electores, el 84 por ciento señaló que por que los entretienen y los hacen pasar buenos momentos.

Respecto de la pregunta sobre los debates electorales entre candidatos, el 67 por ciento de los entrevistados señaló que le gusta más la parte de los debates "cuando los candidatos se confrontan y se dicen sus cosas sobre su pasados, sus errores y sus acciones controvertidas". Por su parte, sólo el 31 por ciento señaló que de los debates, lo que más le gusta es "cuando los candidatos exponen sus propuestas."

Como se observa, la gran mayoría de los electores entrevistados están más interesados en el entretenimiento que en la política, considerando que esta última "es aburrida y tediosa." En el caso de las campañas electorales, la gran mayoría de los entrevistados consideró que las mejores campañas son aquellas que se destacan por su festividad, su alegría y su colorido.

Respecto de los candidatos, también la gran mayoría de los entrevistados señaló que son mejores aquellos que son más competentes en la gestión de los afectos y la simpatía de la gente y aquellos que mejor entretienen a los votantes.

En suma, la investigación de campo otorga ciertos elementos empíricos que refuerzan la tesis de que las campañas electorales lúdicas son las que reciben mayor visibilidad social, son mejor aceptadas por los electores, logran tener un mayor impacto en la conducta y comportamiento de los votantes y son también aquellas que, con mayor frecuencia, se erigen como ganadoras. Los casos que a continuación se describen, ejemplifican como se han impulsado las campañas electorales lúdicas en elecciones locales en América latina.

Por otro lado, de acuerdo a otra encuesta realizada por el periódico Reforma de la ciudad de México y publicada el 5 de julio del 2008, se señala que el 34 por ciento de los entrevistados considera que a un hombre guapo le ayuda más la apariencia física para ganar votos en una elección, un 29 por ciento considera que a una mujer guapa y un 20 por ciento consideró que a ambos. Solo un 3 por ciento consideró que a ninguno de ellos (hombre o mujer guapa).

De la misma forma, el 33 por ciento de los entrevistados señaló que cree que hay quien decide no votar por un político por considéralo feo y un 67 por ciento contestó que no cree. Finalmente, en esta misma encuesta se encontró que el 24 por ciento de los entrevistados apuntó que si conoce a alguien que haya votado por un político en una elección por considerarlo guapo, mientras que el 76 dijo que no conocía a nadie.

Es decir, la imagen y percepción que los ciudadanos tienen respecto de sus políticos incide en el comportamiento de una parte importante de electores, de tal forma que el aspecto físico de los candidatos, también, ayuda a hacer interesante y agradable su relación con los votantes.

5. Casos de Campañas Lúdicas

En América latina, se han presentado muchos casos de campañas electorales en la que los candidatos más que persuadir y movilizar a los electores por medio de la palabra, lo han hecho a través de acciones lúdicas. Tales han sido, por ejemplo, los casos de la campaña para gobernador del estado de Coahuila, donde participó Humberto Moreira Valdez y de la campaña también para gobernador (departamento) del estado de Nayarit, cuando fue candidato Ney González, postulados por el Partido Revolucionario Institucional (PRI).

Ambas campañas, se caracterizaron por el impulso de diferentes acciones de carácter lúdico por parte de los candidatos. En el primero caso, Humberto Moreira ganó la elección para gobernador de Coahuila en septiembre del 2005 obteniendo la cantidad más alta de votos registrada en la historia contemporánea de ese estado, al contabilizar a su favor el 56 por ciento de los sufragios[20]. Durante su campaña, más que pronunciar discursos y arengas tradicionales, se dedicó a bailar cumbia colombiana, arte sonoro del cual es un experto. Durante los mítines y eventos masivos, la gente le coreaba, ¡que baile, que baile, que baile! El candidato subía a la tarima, empezaba a bailar con maestría y elegancia la cumbia colombiana y, al final, se "echaba a la gente a la bolsa." De esta forma, se ganó la confianza, la credibilidad y, sobre todo, el afecto de los votantes.[21] Al respecto, el mismo comentó a un diario local que durante su campaña se apoyó "mucho en las cumbias, los remixes y las canciones para entretener y agradar a la gente."

Por su parte, Ney González ganó la elección para gobernador en el 2005,[22] no sólo con discursos aburridos y acciones habituales propio de campañas tediosas, sino que le apostó a gestionar el afecto de la gente de diferente forma. Siendo alcalde de Tepic, la capital del estado de Nayarit, apadrinó, enlazó matrimonialmente y acompañó a miles de ciudadanos en bodas colectivas y festejos masivos de quinceañeras. De esta forma, cuando fue postulado como candidato por el PRI a la gubernatura en su haber tenía más de tres mil compadres y ahijados, mismos que se convirtieron en una importante base electoral de su campaña.

Ya como candidato, su campaña la realizó en las colonias, barrios, ejidos y comunidades a lo largo y ancho del estado, con acciones festivas y de cercanía con la gente. De esta forma, como candidato se dedicaba a "besar viejitas en los mercados," "abrasar niños en las colonias populares," cantar en los camiones o

---

[20] Jorge Zermeño postulado por el Partido Acción Nacional (PAN) obtuvo el 34 por ciento de votos y Juan Pablo Rodríguez postulado por el Partido de la Revolución Democrática (PRD) logró el 3 por ciento de los sufragios.

[21] Indudablemente que Moreira si hablaba y pronunciaba discursos durante su campaña electoral, pero lo hacía una vez que había complacido y entretenido a los electores con sus bailes. Sus discursos también eran lúdicos y entretenidos.

[22] De acuerdo a los resultados electorales, el PRI obtuvo el 46.01 por ciento de los votos, la Alianza por Nayarit integrada por el PRD, el Partido del Trabajo y el Partido de la Revolución Socialista el 42.7%, mientras que el PAN logró tan sólo el 5.79% y el Partido Convergencia el 2.21 por ciento de los votos, respectivamente.

[23] Las claves de la seducción son la sonrisa y la mirada a los ojos. La risa seduce y comunica.

autobuses urbanos, comiendo tacos o *hot dogs* con la gente en las calles y, sobre todo, saludando de mano y mirando a los ojos a los electores, siempre sonriente y alegre. De esta forma, acompañado del humor, el entusiasmo, la comunicación amena y la alegría logró alcanzar sus objetivos políticos. Sus discursos, siempre eran lúdicos y entretenidos, que no sólo informaban sobre propuestas y compromisos, sino también hacían sonreír, divertir y, sobre todo, conseguían seducir a los votantes.[23]

Al final de la campaña, Ney González logró recuperar la gubernatura del estado que se encontraba en manos de la oposición, ganando, además, 16 de 18 diputaciones locales y 16 de 20 presidencias municipales.

Otra campaña sustentada en el juego y el entretenimiento fue la impulsada por Guillermo Márquez, candidato a diputado federal por el PRI en el estado de Chihuahua en el año 2009. Este político, se apoyaba en el juego tradicional de la lotería, muy común entre los mexicanos en lo que grupos de doscientos a más ciudadanos eran invitados por el candidato a jugar lotería en ciertos locales o recintos apropiados para el efecto. A quienes resultaban ganadores en cada uno de las rondas de lotería, se le entregaba un premio, que era algún objeto utilitario, como por ejemplo, una camiseta, una bolsa para el mondado, algunas cubetas, etc., todas ellas con impresos propagandísticos del partido y el candidato.

La propia lotería respetaba una gran parte de su diseño original con las tradicionales cartas, por ejemplo, de "Las Jaras," "El Borracho," "Los Cantaritos," etc., pero se agregaban otras cartas ligadas a los fines políticos propios de la campaña. De esta forma, por ejemplo, en el diseño de la lotería se agregaban nuevas cartas, como por ejemplo, El Partido (el PRI), El Candidato (Guillermo Márquez), y así sucesivamente.

A los asistentes, se les permitía jugar lotería y ganar algunos premios por algunas horas (dos o tres) por las tardes y, al final, llegaba el candidato, saludaba de mano a los presentes y les dirigía un breve mensaje. Con esto, logró una mejor visibilidad social en su distrito, cercanía con la gente y, finalmente, pudo ganarse el voto mayoritario de los ciudadanos.

6. Comentarios Finales

Hoy día, vivimos en la "era del entretenimiento," en la que los ciudadanos se encuentran en una constante búsqueda de diversión, esparcimiento y placer. Ante la existencia de esta "necesidad humana," (que también se ha convertido en un elemento más de consumo[24]) y ante la crisis de la política tradicional, encartonada,

---

[24] De hecho, históricamente al ser humano se le ha educado para el entretenimiento y la diversión. Para el caso de los pueblos latinoamericanos, la fiesta y las celebraciones populares son parte

con un léxico rebuscado y excluyente, se viene imponiendo una forma diferente de hacer, entender y procesar la política.

De esta forma, los políticos que están logrando ser exitosos son aquellos que incorporan la lúdica como parte de sus estrategias de persuasión y seducción. La lúdica, se entiende no sólo como lo relacionado al juego y la diversión, sino también todo aquellos que genera placer, entretiene, divierte y, sobre todo, logra gestionar adecuadamente el afecto y la simpatía de las personas.

Ante una creciente tendencia de personalización de la política y de mediatización de los comicios electorales, las campañas exitosas son aquellas que han sabido incorporar la dimensión lúdica en sus procesos, acciones y prácticas logrando concitar la atención, el afecto, el agrado, la simpatía y el apoyo de la gente. Son campañas festivas, entretenidas, coloridas y alegres, encabezadas por candidatos carismáticos, optimistas, sonrientes y jubilosos. Por su parte, las campañas perdedoras son las encartonadas, tristes, aburridas, impulsadas por partidos y candidatos que no incorporan la dimensión lúdica como parte de su estrategia electoral.

Las causas que han generado esta nueva tendencia son múltiples y diversas. Van desde la propia naturaleza hedonista del ser humano, el adoctrinamiento cultural que se ha hecho de los ciudadanos históricamente por parte de las instituciones estatales y privadas, así como por la necesidad de los votantes de vivir ciertos momentos de placer y diversión ante un mundo cada día más lleno de problemas e insatisfacciones personales. Es decir, nos encontramos ante un mercado electoral ávido de entretenimiento y altamente demandante de humor, goce y diversión.

En este sentido, "asaltar el poder" (o conservarlo) desde lo lúdico será el arma estratégica de la nueva política en la actual "era del entretenimiento." En el futuro, la competencia política ya no será necesariamente entre izquierdas y derechas, entre grandes y pequeños, ni entre los representantes del cambio o de la continuidad, sino entre personajes tristes y aburridos versus candidatos simpáticos y encantadores.

Ya no se tratará sólo de defender un proyecto alternativo de nación o una ideología, sino de la forma en que este proyecto es defendido, comunicado e impulsado por sus simpatizantes y líderes políticos. Como decía Eugéne Ionesco, "donde no hay humor no hay humanidad." El humor y el entretenimiento son herramientas muy valiosas en la persuasión política de los votantes. Esto es lo que explica, el por qué las campañas electorales lúdicas son las que finalmente salen victoriosas. La valides de este

---

rutinaria de su propia identidad cultural. Esta cultura festiva y de entretenimiento y diversión genera condiciones apropiadas para el éxito de las campañas electorales lúdicas.

señalamiento lo hemos observado en las últimas campañas electorales en America latina, mismas que se han ganado no solo por su trazo estratígico, sino porque lograron una conección emocional y lúdica con la mayoría de los votantes.

La Música como Estrategia de Persuasión en las Campañas Electores

1. Introducción

> Algún día, la política
> será una canción.
> León Felipe

Las campañas electorales son ejercicios de rutina de las democracias modernas, mismas que están orientadas a construir mayorías electorales estables y definir el carácter de la representación pública (Downs, 1957, Sanders 1997, Valdez, 2008). Durante las campañas, los diferentes candidatos y partidos buscan, por un lado, persuadir por diferentes medios a los electores para lograr su voto (Schumpeter 1947, Sartori 1987, Dahl 1989 y Huntington 1989), y, por el otro, tratan de evitar que sus opositores obtengan los votos de los electores, usando diferentes estrategias para demeritar y, muchas veces, denostar a sus competidores (Valdez 2009, Krause 2009 y Priess 2009).

Durante estas campañas electorales, es común que los contendientes utilicen las melodías y canciones políticas o algún tipo de retórica musical como estrategia de persuasión, ya sea como parte de los *spots* propagandísticos de los candidatos y partidos o en forma de ritmos musicales o melodías creadas *ex profeso* con el fin de llamar la atención, agradar, entretener, trasmitir un mensaje político y/o lograr persuadir a los electores (Rolle, 2009).

De hecho, el uso de la música, como instrumento de campaña, es una práctica común que se ha generalizado a nivel mundial, de tal forma que prácticamente en la actualidad no existe en el orbe campaña electoral que prescinda, de uno u otro modo, del acompañamiento musical.

La música ejerce una gran influencia en la conducta humana, ya que, de acuerdo a un estudio de la Universidad de Stanford, "genera uno de los estímulos más poderosos que existe para evocar sensaciones en el cuerpo humano gracias a que los nervios auditivos son los que más predominan dentro de todos los sentidos. Aún en su forma más simple, la música es capaz de suscitar diferentes estados de ánimo en quienes la escuchan."[25] Hace casi doscientos años que Charles Darwin señaló que "la música despierta en el ser humano diversas emociones."

En las campañas electorales, la música, como parte de las acciones lúdicas, se usa como medio de influencia política puesto que ésta suscita una serie de

[25] Véase http://home.coqui.net/proconci/IPC_Web_Site/El_Poder_de_la_Musica.html

respuestas emocionales en quienes la escuchan y genera diferentes efectos en los estados de ánimo de la gente. De cierta manera, a través de la música se puede movilizar sentimientos y lograr "manipular" las emociones del electorado y así obtener una ventaja político-electoral.

En el presente capítulo, se analiza el efecto que la música genera en el comportamiento del elector, así como el uso que se ha hecho en las campañas electorales como medio de persuasión política en la "era del entretenimiento." En lo particular, se estudia, a la luz de la experiencia internacional, el caso de las melodías más usadas durante la campaña presidencial de Barack Obama en los Estados Unidos de Norteamérica a fines de 2008.

Para realizar el estudio, se analizaron las canciones, melodías e himnos de campaña que el Partido Demócrata y sus simpatizantes utilizaron durante la pasada contienda presidencial, mismas que fueron recuperadas de Youtube e Internet entre agosto y noviembre del 2008. El estudio se sustentó también en una amplia revisión bibliográfica, hemerográfica y de documentos en Internet sobre la temática tratada.

2. Los efectos de la música

La música es una sucesión de sonidos (en forma de notas musicales, melodías y acordes armónicos o disonantes) que son percibidos por el oído y posteriormente decodificados por el cerebro, generando sensaciones en las personas que van desde la alegría hasta la tristeza más profunda.[26]

La música influye enormemente en el comportamiento general de las personas y no sólo en los aspectos políticos. Lo mismo puede ayudar a reducir o incrementar la agresividad, puede ser usada de forma terapéutica y puede activar sexualmente a las personas. En algunos casos, una música excitante puede producir un incremento en la ansiedad de las personas que la escuchan. [27] De acuerdo con Gerardo Calderón, la música es capaz de transmitir todo tipo de sensaciones y es una herramienta muy eficaz y poderosa para producir cambios en la conducta. [28]

---

[26] Existen dos tipos principales de música en relación con sus efectos: la música sedante, que es de naturaleza melódica sostenida, la cual se caracteriza por tener un ritmo regular, una dinámica predecible, consonancia armónica y un timbre vocal e instrumental reconocido con efecto tranquilizante. La música estimulante aumenta la energía corporal, induce a la acción y estimula las emociones.

[27] Véase El Poder de la música, en http://www.taringa.net/index.php?postid=104593 .

[28] Véase El Poder de la Música, http://www.violetadegainza.com.ar/2009/04/%E2%80%9Ctiene-un-efecto-terapeutico-en-los-internos-del-penal-y-es-eficaz-sobre-la-conducta%E2%80%9D/

Desde la antigüedad, Aristóteles señalaba que la música imita directamente las pasiones o estados del alma (apacibilidad, enojo, valor, templanza y sus opuestos) de los seres humanos y que afecta la voluntad e influye en el carácter y conducta humana.[29]

Platón creía en el carácter divino de la música, ya que ésta podía dar placer o sedar. En su obra "La República" señala la importancia de la música en la educación de los jóvenes y cómo deben interpretarse unas melodías en detrimento de otras. Por su parte, Aristóteles fue el primero en teorizar sobre la gran influencia de la música en los seres humanos. A él se debe la teoría del *Ethos*, una palabra griega que puede ser traducida como la música que provoca los diferentes estados de ánimo. Estas teorías se basaban en que el ser humano y la música estaban íntimamente relacionadas, así que esta correlación posibilitó que la música pueda influir no sólo en los estados de ánimo, sino también en el carácter; por ello, cada melodía era compuesta para crear un estado de ánimo a *Ethos* diferente.

San Basilio, escribió durante la Edad Media una obra titulada "Homilía", donde destacaba que la música calma las pasiones del espíritu y modela sus desarreglos. Por su parte, Severino Boecio, en su obra "De instituciones Música", apunta que "por su naturaleza la música es consustancial a nosotros, de tal modo que o bien ennoblece nuestras costumbres o bien los envilecen".

Por eso, la música es un potente instrumento educativo y sus efectos benéficos o maléficos se explican en función de los modos que se utilizan. Ya durante el siglo XX, Karl Orff decía que la creatividad unida al placer de la ejecución musical permitía una mejor socialización del individuo y un aumento de la confianza y la autoestima.[30]

Ese poder ha sido utilizado a través de los años por hombres astutos que han notado el impacto que tiene la música sobre el comportamiento humano. En China, por ejemplo, dos mil años antes de Cristo, un emperador llamado *Chum* monitoreaba la salud de su vasto reino a partir de la música que producía. Años después, Platón se hizo eco de las palabras del emperador chino al decir: "cuando

---

[29] Fueron los griegos los primeros en estudiar y sistematizar el efecto de la música sobre la conducta humana. Decían que podían aliviar a los deprimidos y detener a los violentos.

[30] La música, al igual que otros estímulos portadores de energía, produce un amplio abanico de respuestas que pueden ser inmediatas, diferidas, voluntarias o involuntarias. Dependiendo de las circunstancias personales (edad, etapa de desarrollo, estado anímico, salud psicológica, apetencia) cada estímulo sonoro o musical puede inducir una variedad de respuestas en las que se integran, tanto los aspectos biofisiológicos como los aspectos efectivos y mentales de la persona. Así, el bebé agita sus miembros cuando reconoce una canción entonada por su madre, los adolescentes se reconfortan física y anímicamente escuchando una música ruidosa e incluso les ayuda a concentrarse mejor en el estudio.

las formas de la música cambian, las leyes fundamentales del estado cambian con ella".[31]

La música puede afectar las emociones, las actitudes y la conducta de las personas, ya que es percibida por la parte del cerebro que recibe el estímulo de las emociones, las sensaciones y los sentimientos, sin pasar por los centros cerebrales que involucran la razón y la inteligencia. Es decir, es percibida por el hemisferio derecho sin que entren en juego la parte izquierda del cerebro encargada de la razón y la inteligencia. En otras palabras, la música puede tener un impacto en nosotros sin que nos demos cuenta y aún contra nuestra voluntad.[32]

La música es percibida por el tálamo y, por lo tanto, puede ser disfrutada sin evaluar su contenido. De esta manera, es el tono, el ritmo y la entonación (la forma) más que el contenido lo que importa en la estimulación musical. Cuando el ritmo de la música se escucha, el cuerpo humano responde produciendo un estado de éxtasis, de prontitud reactiva o de paz, según la música escuchada.

La música, como estímulo tonal o la selección musical, también influye en los estados de ánimo, afectando la química del cuerpo y su condición hormonal. El efecto que genera la música en el comportamiento humano se debe a que el hombre es también, como la música, un ser rítmico[33] en lo concerniente a la respiración, la pulsación cardiaca, el pulso, el lenguaje y el andar. [34]

A lo largo de la historia, la música ha sido utilizada como agente estimulante y unificante. Los primeros escritos que aluden a la influencia de la música sobre el cuerpo humano son los papiros egipcios descubiertos por Petrie en la ciudad de Kahum en 1889. Estos papiros datan de alrededor del año 1,500 a.C. y en ellos se señala acerca de la utilización de la música como un agente capaz de curar el cuerpo, calmar la mente y purificar el alma.

---

[31] Véase http://cueramaro.blogcindario.com/2005/10/00001-el-poder-de-la-musica.html

[32] La música influye sobre el individuo a dos niveles primarios diferentes: la movilización y la musicalización. En la movilización, la música es energía y por tanto moviliza a los seres humanos a partir de su nacimiento y aún desde la etapa prenatal. A través de la escucha o la creación, la música imprime una energía de carácter global que circula libremente en el interior de la persona para proyectarse después a través de las múltiples vías de expresión disponibles.

[33] Tratando de encontrar una explicación sobre el impacto de la música en la conducta de los electores de Senegal, Andrés Valdez Zepeda señala "Aquí la gente es rítmica, sobre todo las mujeres. Si le ponen música, se olvidan de todo y su cuerpo empieza a vibrar de forma frenética. Les importa un rábano la política. Es la música la que les hace danzar y reaccionar con simpatía."

[34] Véase http://defeenfejuvenil.blogspot.com/2009/10/el-poder-de-la-musica.html

En el ámbito militar, por ejemplo, una banda marcial toca no sólo para que los soldados olviden su fatiga, sino también para envalentonarlos y motivarlos para que sigan adelante y peleen con vigor. En el campo religioso, los cánticos no sólo están orientados para alabar y glorificar al "creador," sino también para reforzar la evangelización y el nivel de religiosidad de los participantes al estimular sus sentidos y emociones.[35] En el campo laboral, se considera que la música ambiental ayuda a incrementar la productividad de los trabajadores hasta en un diecisiete por ciento.[36] En el ámbito médico, se considera que la música ayuda a reducir la ansiedad, aminora el dolor, disminuye la necesidad de medicamentos y acelera la recuperación de los pacientes.

Soibelman (1948 y 2009) señala que la conducta humana está relacionada con el símbolo inherente de los sonidos musicales y que como actividad cultural la música impacta, modela y, en gran medida, determina el comportamiento humano.[37]

En el campo político, la música, entendida como sonido, ritmo, melodía y armonía, facilita la comunicación y las relaciones entre las personas, ayudando a establecer una relación socio-afectiva con los demás. Sin embargo, también ciertos ritmos y tonos musicales pueden generar miedo, ira o angustia entre la gente.

De acuerdo a lo que se señala en Wikipedia, los efectos de la música sobre el comportamiento han sido evidentes desde los comienzos de la humanidad. A lo largo de la historia, la vida del hombre ha estado complementada e influenciada por la música, a la que se le han atribuido una serie de funciones. La música ha sido y es un medio de expresión y comunicación no verbal, que debido a sus efectos emocionales y de motivación se ha utilizado como instrumento para manipular y controlar el comportamiento del grupo y del individuo.[38]

La música facilita el establecimiento y la permanencia de las relaciones humanas, contribuyendo a la adaptación del individuo a su medio.[39] Por otra parte, la música es un estímulo que enriquece el proceso sensorial, cognitivo (pensamiento, lenguaje, aprendizaje y memoria) y también enriquece los procesos motores,

[35] En la Biblia se señala que el Rey Nabucodonosor utilizó la música para adorar una imagen (Daniel 3, Apocalipsis 13). En este mismo sentido, la biblia señala que el rey Saúl se calmaba al escuchar la música que David tocaba con el arpa (Samuel 16:239).

[36] Véase http://www.pmministries.com/centrowhite/Temas/cwmpm18.htm

[37] De acuerdo a Soibelman la música también genera una influencia en la conductividad eléctrica del cuerpo y ayuda al equilibrio electrónico del sistema nervioso del hombre.
[38] Véase http://es.wikipedia.org/wiki/Musicoterapia

[39] El tempo, el ritmo, la armonía, la tonalidad, la altura, la intensidad, la instrumentación y el mensaje juegan un papel muy importante en la estrategia de acompañamiento musical.

además de fomentar la creatividad y la disposición al cambio. Así, diversos tipos de música pueden reproducir diferentes estados de ánimo, que a su vez pueden repercutir en tareas psicomotoras y cognitivas. Todo ello depende de la actividad de nuestro sistema nervioso central.

La música cobró mayor importancia a partir del descubrimiento y socialización de la radio durante la década de 1920. A través de la radio, la música llegó a las masas. De acuerdo a Wolfgang Stefani (1993 y 1994), hoy día el ochenta y cinco por ciento de la población mundial escucha algún programa musical de radio de cuatro a cinco horas al día. En promedio, el cerebro del occidental gasta alrededor de veinticinco por ciento de su vida registrando, monitoreando y descifrando música popular.

En suma, la música ayuda al bienestar emocional, la salud física y mental, la interacción social, las habilidades comunicacionales y la capacidad cognitiva.

3. La música y las campañas electorales

La música ha acompañado a las campañas electorales por muchos años. Uno de los antecedentes más señalados en la que la música se usaba en la campaña con el objetivo de atraer la atención de los votantes es el caso de la campaña presidencial de Zachary Taylor en 1848, postulado por el Partido Whig (antecesor del Partido Republicano) en los Estados Unidos de Norteamérica. Taylor había invitado a su campaña a un amigo, Dan Rice, que trabajaba como payaso y quien poseía un carro (el *bandwagon*) acondicionado para llevar una banda musical para entretener a la gente.

Dan Rice acompañó durante toda la campaña al candidato, realizando diferentes espectáculos musicales que fueron altamente aceptados y aplaudidos por los electores. El *bandwagon* avanzaba ciudad tras ciudad llevando consigo no sólo la banda musical, sino también al candidato y a sus principales colaboradores. Al final, Taylor ganó la elección convirtiéndose en el doceavo presidente de los Estados Unidos de Norteamérica. Desde entonces, los candidatos utilizan la música como un medio ya no sólo para atraer la atención de la gente, sino también para comunicar un mensaje y para persuadir a los electores. [40]

Uno de los objetivos centrales del uso de la música en las campañas electorales es manipular el estado de ánimo y el comportamiento de la gente, influyendo en su toma de decisiones políticas. De esta forma, dependiendo del tipo de música que se utilice, su tono, volumen, timbre, armonía y tiempo dependerá el efecto que ésta genere en el comportamiento y decisiones de los electores.

La música sirve, también, para comunicar un mensaje, tocando las cuerdas sensibles del electorado. De esta forma, al calor de la contienda, es común que se

---

[40]Véase http://www.leononline.net/articulos/NewsDetails.php?ID=159

compongan melodías, canciones y jingles relativos al candidato, su pasado, su programa de gobierno y sus intensiones de mejora o que se utilicen canciones políticas y melodías populares tratando de comunicar un mensaje y mover una emoción.

La música, también, nos ayuda a recordar, ya que una melodía puede activar nuestra memoria para recordar un momento feliz, un episodio memorable de nuestra vida o un momento de tensión, angustia y sufrimiento.

La música determina, en gran medida, la formación de una identidad política en tiempos electorales. De esta manera, durante la contienda electoral una melodía, un tono o un determinado ritmo comúnmente se le asocian por parte de los votantes con algún partido, candidato o coalición electoral. Como lo señala Antoni Gutiérrez Rubí, el uso de la música en la política (sobre todo en la campaña electoral), favorece la conexión emocional con el ciudadano, así como a la identificación de un partido, de un candidato... de manera más efectiva.[41]

La música también sirve para envalentonar, ya que la melodía, la letra, la armonía o el ritmo utilizado en una pieza musical pueden generar emoción que refuerzan una actitud de valentía y heroísmo entre las masas, como fue el caso de la Alemania nazi.[42]

La música es un excelente medio para convencer y movilizar al elector, ya que como lo apuntara Brader (2004), la música ni completa o sustituye el mensaje verbal, pero afila su efectividad alterando como se recibe el mensaje.

Hoy día, bajo lo que se conoce como la "era del entretenimiento," prácticamente en todas las campañas electorales se hace uso de la música como medio para tratar de persuadir a los electores. Así se hizo, por ejemplo, en los Estados Unidos de Norteamérica y en España en las campañas presidenciales del 2008.

En el caso de los Estados Unidos, fue muy conocido el uso del reggaetón para apoyar a Obama atrayendo la simpatía de muchos votantes jóvenes. En el caso de España, tanto Mariano Rajoy como José Luis Zapatero también impulsaron sus campañas a ritmo de música. En la campaña del Partido Popular fue muy sonado el vallenato de Rajoy intitulada "Mariano Rajoy contigo estoy" compuesta por el colombiano Armando Ubaque. Por su parte, en la campaña del Partido Socialista Obrero Español,[43] la balada "Zapatero yo votaré por ti" compuesta por Antonio Candela se convirtió prácticamente en un cántico tradicional de los socialistas para impulsar sus candidaturas y también criticar a Rajoy. Zapatero utilizó además, la canción "Defendamos la alegría" interpretada por un grupo de artistas españoles

---

[41] Véase www.gutierrez-rubi.es

[42] Los nazis utilizaron a Wagner como parte de sus estrategias de guerra. Al respecto, el cineasta Woody Allen acuñó la frase "cuando oigo a Wagner, me dan ganas de invadir Polonia.

[43] En 1970, Adolfo Suárez utilizó la canción Libertad sin ira interpretada por Angel Carpa como parte de su campaña electoral.

como Joaquín Sabina, Joan Manuel Serrat, Miguel Bosé, Victor Manuel y Ana Belen, mismo que se convirtió en el himno de su campaña.

En el caso de América Latina, una región en la que las campañas electorales se hacen a ritmo de música y fiesta, los canticos e himnos político electorales son toda una recia y añeja tradición. Por ejemplo, en Chile, México y Perú las campañas se asemejan a un carnaval.

 A finales del 2009, el entonces candidato de la Coalición por el Cambio, Sebastián Piñera de Chile uso el tema "Viva la vida" del grupo de rock británico para acompañar y enfatizar su mensaje electoral. En este país, desde 1920 durante la campaña de Arturo Alessandri usó con fines electorales la música vinculada a la cultura popular.[44] En el caso de Perú, las campañas electorales se han hecho también a ritmo de vals, ya que, por ejemplo, en 1985 Alan García candidato aprista utilizó la canción "Tema de Alan" compuesto por José Escamilla y "Mi Perú," compuesto por Manuel Raygada interpretada por Los Zañartu. En 1990, durante la campaña presidencial Mario Vargas Llosa candidato del Frente Democrático (FREDEMO) utilizó el "Himno del FREDEMO" y el "Himno por la Libertad" compuesto este último por Polo Campos como parte de su campaña electoral. En el año 2000, Alberto Fujimori, quien fue electo presidente por primera vez en 1995, utilizó durante su campaña presidencial la melodía "El ritmo del chino." En el 2007, como parte de la estrategia comunicacional del APRA, Alan García utilizó el ritmo de moda de los jóvenes, el reggaetón, como un medio para conectarse y movilizar electoralmente a este importante sector. Al final, García derrotó a Lourdes Flores y Ollanta Humala.

En México, durante la histórica campaña presidencial del año 2000, Juan Gabriel, un artista de música popular, interpretó diferentes melodías y acompañamientos musicales en apoyo a Francisco Labastida Ochoa, entonces candidato a presidente por el Partido Revolucionario Institucional (PRI). Por su parte, Vicente Fox Quesada, candidato de la Alianza por el Cambio, integrada por el Partido Acción Nacional (PAN) y el Partido Verde Ecologista de México (PVEM), utilizó durante su campaña la melodía "México Ya," del compositor Antonio Calvo.

En el caso de África, un continente que también hace campaña a ritmo de zamba, la música juega un papel muy importante en los procesos electorales generando alegría, júbilo y, sobre todo, votos.

Al respecto de una elección local en Kafountine Senegal, la periodista norteamericana Sandra Valent (2009) señala:

"Sinceramente, una de las cuestiones que más me sorprendió de la jornada fue el entusiasmo con el que la población acogía la llegada de la caravana electoral, que más bien parecía un animado concierto musical ambulante. Mujeres con atuendos

---

[44] Véase Claudio Rolle, Del Cielito Lindo a Gana la Gente: música popular, campañas electorales y uso político de la música popular en Chile, 2009, Santiago de Chile.

coloridos saltando y dando palmas al ritmo de las canciones que sonaban a todo trapo, niños corriendo por la calzada polvorienta detrás de los vehículos, hombres con los brazo alzados y mostrando el signo de victoria o muchachos recogiendo el programa electoral que dejaba a su paso la comitiva…"[45]

En fin, la música juega un papel muy importante durante las campañas electorales logrando una mayor visibilidad, atención y recepción por parte de la gente, a la vez que genera placer, júbilo y alegría entre la gente que la escucha, logrando además, entretener, persuadir y movilizar a los votantes.

4. La campaña de Obama

La campaña de Barack Obama que culminó con su triunfo el 4 de noviembre del 2008 fue uno de los ejercicios proselitistas lúdicos más populares de la historia mundial. Esta fue, además, una campaña innovadora y creativa, que le apostó no sólo a las nuevas tecnologías de la información para obtener financiamiento, persuadir, organizar y movilizar a los electores, sino también a la retórica musical. Durante toda la campaña, se utilizó la música como arma electoral poderosa para movilizar y persuadir a los votantes, misma que contó con la participación activa de cientos de celebridades y músicos destacados.

De acuerdo a los resultados electorales, el Partido Demócrata (PD) obtuvo el cincuenta tres por ciento del voto popular, equivalente a 65.4 millones de votos y 364 votos en el Colegio Electoral. Por su parte, el Partido Republicano (PR) logró sólo el cuarenta y seis por ciento del voto popular, equivalente a 57.4 millones de votos y 163 delegados en el Colegio Electoral. Adicionalmente, los demócratas lograron ganar 6 asientos más en el Senado y 20 en la Cámara de Representantes.

Para ganar esta elección, los demócratas enfocaron sus estrategias a movilizar tres emociones básicas de los electores. En primer lugar, el miedo, mismo que genera diferentes reacciones conductuales que afectan a los americanos, inhibiéndolos o provocándoles distintas reacciones. De acuerdo a Manuel Quintanar Diez (1998), el miedo es la emoción choque de defensa ante un peligro eminente (real o putativo), normalmente externo, reconocido como tal por el individuo que lo experimenta. En la actualidad, el miedo se ha convertido, como dice Paul Virilo (2005), en el argumento y la estrategia central de la política moderna.

---

[45] Sandra Valent, Una Campaña Electoral Marcada por la Música, El Periodico.com, 20 de marzo del 2009, en http://www.elperiodico.com/BLOGS/MAPAMUNDI/blogs/senegal/archive/2009/03/20/una-campa-a-electoral-marcada-por-la-m-sica.aspx, fecha de consulta, 15 de diciembre del 2009.

En segundo lugar, se movilizó la ira o enojo de los votantes.[46] La ira es un enfado mayor en la que los electores sienten indignación y enojo por hechos y circunstancias que les perturban, desagradan y molestan. Finalmente, el deseo o la esperanza de que las cosas cambien y mejoren que es otra emoción básica del ser humano, que se convierte en un gran motivador, que moldea fuertemente su conducta. Durante la campaña de Obama, el deseo fue planteado como esperanza para lograr salir de la crisis, el desempleo y la carestía de vida, pugnando por un futuro y una vida mejor, llena de logros y satisfacciones para los americanos.

Estas tres emociones fueron movilizadas no sólo por la excelsa oratoria del candidato y la gran maquinaria electoral que logró constituir el PD, sino también por el uso ingenioso y comprometido de la música y el activismo de cientos de músicos y artistas norteamericanos. Basado en el uso estratégico de sonidos rítmicos, melodías y canciones políticas, Obama logró mover, conmover y remover emociones y sentimientos usando la retórica y el acompañamiento musical. Lo hizo con un discurso pacifista y elocuente, acompañado de canciones y melodías impregnadas de mensaje político, conformando un gran movimiento ciudadano por el cambio, integrado por artistas, jóvenes, miembros de las minorías y ciudadanos sin partido.

Es decir, a través de la música, Obama logró movilizar a los americanos que anhelaban el cambio, ante los resultados desastrosos de ocho años de gobierno republicano.

De esta forma, los demócratas movilizaron el miedo o pavor entre los electores planteando su argumento estructurado en dos premisas principales. Por un lado, de que las políticas, acciones y filosofías equívocas que representaban los republicanos, los llevarían de nuevo al desastre y el colapso económico y, por el otro, movilizaron el miedo de aquellos votantes que no querían ver a sus familiares o amigos, o a ellos mismos, reclutados para pelear en una guerra sin fin en Irak y Afganistán, iniciada con premisas falsas.

Movilizaron también el enojo, la frustración y la ira de millones de votantes (acumulada en los ocho últimos años de gobierno republicano) quienes, por un lado, se vieron afectados por la actual crisis económica, inmobiliaria y financiera que sufre la Unión Americana y, por el otro, por el aumento de los precios de combustibles y alimentos o por el incremento del desempleo o el déficit fiscal.

---

[46] La ira se conceptualiza como el sentimiento de desagrado que un individuo tiene ante un hecho o una circunstancia determinada, lo que también genera alteraciones en su conducta.

Finalmente, los demócratas supieron movilizar a través de medios lúdicos el deseo o la esperanza de los electores americanos de que las cosas podían cambiar para bien, si decidían sacar, a través de su voto, a los republicanos de la Casa Blanca, para formar una nueva administración y un gobierno más sensible a los problemas de la gente, con políticas económicas más humanas y con una actitud más amigable hacia el mundo.

5. La música en la campaña de Barack Obama

Obama no fue el primero ni el último de los candidatos a la presidencia de los Estados Unidos de Norteamérica en utilizar la música como arma para ganar las elecciones. La retórica musical, las melodías, jingles y canciones políticas se han utilizado a lo largo de la historia de este país. Por ejemplo, en la elección presidencial de 1960, Frank Sinatra apoyó con su música y sus melodías la campaña victoriosa de John F. Kennedy (Mas y Omario, 2009).

En 1984, Ronald Reagan, candidato a la presidencia por el Partido Republicano, utilizó las canciones "Born in the USA" de Bruce Springsteen y "God bless the USA" del compositor Lee Greenwood como parte de la estrategia de comunicación para ganar la reelección presidencial. Por su parte, Bill Clinton utilizó profusamente las canciones "Dont´ stop" de Fleetwood Mac y Macarena del compositor Los del Río durante su campaña presidencial.

Por su parte, en el 2004, John Kerry uso la canción "No surrender" de Bruce Springsteen como su himno de campaña. También uso durante su campaña la canción "Beautifull Day" del grupo irlandés U2. Finalmente, durante la precampaña presidencial de 2008, Hillary Clinton utilizó la canción "You and I (Tu y yo) de la cantante canadiense Celine Dion como el himno oficial de su campaña en su fallido intento por llegar a la Casa Blanca.

En el caso de Obama, la música fue usada profusamente a lo largo de toda su campaña. Con la canción "City of Blinding Lights" del grupo irlandés U2 el candidato inició exitosamente su campaña presidencial. La música estuvo presente en la campaña de Obama a través de conciertos como el de Jas-Z o el de Bruce Springsteen (autor de The Rising) en Detroit y a través de canciones y melodías como "IEES, GE Can: Voices of A Grossrrots Movements" en la que participaron artistas como Sherly Crown, Lionel Richie y Maroon 5, entre otros. La música, también, estuvo presente en todos los spots propagandísticos de Obama como acompañamiento musical y también en las declaraciones públicas de artistas de renombre como Stevie Wonder y Bob Dylan.

Obama se apoyó en la música también con canciones propagandísticas muy populares como la melodía "La Chica Obama" del compositor Rick Friedrich interpretada por la artista sensual Amber Lee Ettinger, "Yes We Can" compuesta por Will. i. am integrante del grupo de hip hop Black Eyed Peas o "Quédate en mi corazón" interpretada por la española Noelia Zañon. Esta última con el objetivo de captar el voto hispano.

Obama siempre iniciaba sus mítines de campaña con la canción "City of Blinding Lights" del grupo irlandés U2 y cerraba también sus mítines con la canción "Singed, Seald, Delibered, y "I Am Yours" de Steve Wonder.

Los temas que abordaron las melodías y canciones de la campaña de Obama y que conmocionaron a millones de electores fueron la paz, la libertad, el cambio, la esperanza, el poder de la gente, la nueva era, un mejor mañana, la justicia social, la integridad, la unidad nacional, la oportunidad, la prosperidad, el amor y la verdad. Todas las canciones, melodías e himnos de campaña generaron un ambiente festivo y triunfalista, que finalmente ayudaron a ser historia en la Unión Americana.

Desde el inicio de su campaña, la melodía Súper Chica Obama atrajo multitudes y se convirtió en un hit musical por su contenido sensual y explosivo, posicionando al candidato como un personaje famoso y sexi en un tiempo record.

La letra de esta canción, que apela principalmente al corazón y a las emociones de los votantes, dice, entre otras cosas, lo siguiente:

Abandone mi negativa de Kerry,
Supe que debería hacerte mío,
Tan negro y tan sexy
Me gustó cuando te pusiste duro,
en el debate contra Hillary
Por que no contestas mis llamadas
Tengo un flechazo con Obama
No puedo esperar al 2008
Chico eres el mejor candidato
Para la Nueva Oficina Oval

En esta melodía, la cantante con una voz y un vestido sexi, dice también estar enamorada de Obama.

Por su parte, la melodía intitulada "Yes We Can," compuesta con fragmentos de un discurso político que Obama pronunció cuando ganó las elecciones primarias después de las elecciones internas de Hampshire, habla oportunidad, prosperidad, emigración, igualdad, libertad, cambio y de un pueblo que venció la discriminación.

La letra de esta canción interpretada a ritmo de Rap y Gaspel por 37 artistas y celebridades del espectáculo y el deporte señala lo siguiente:

Todos somos una persona
Somos una nación
Y juntos iniciamos en nuevo gran capítulo

De la historia norteamericana
Con tres palabras que sonaban de costa a costa,
Desde mar a mar brillante
¡Sí, Nosotros podemos!

Sin embargo, estas no fueron las únicas melodías que apoyaron a Obama a llegar a la Casa Blanca. De hecho, casi no hubo género musical cuyos artistas, desde la perspectiva ciudadana, no impulsaran cánticos y melodías de protesta, denuncia y en apoyo al "candidato del cambio y la esperanza." Entre las otras canciones electorales a favor del candidato afroamericano destacan las siguientes:

"Barack for Swing Voters" compuesta por Will Galison y su orquesta, "Barack Rap" compuesta por M.C. Yogi, "Calypso Barack" del compositor Mighty Sparrow, "Reggae Barack Obama" de Cocoa Tea, "Norteño Obama" con la canción "Viva Obama" interpretada por Los Dorados del Norte y otra versión en mariachi, "Country Obama" compuesta por Toby Keith, "I Got a Crush on Obama," "*Oui, on peut*," "El Nuevo Corrido de Obama," "Obama un tipo de cuidado" , "*A change is gonna come*" de Sam Cooke y "We Are the Ones" conocida internacionalmente como la canción de Obama.

6. Comentarios adicionales

La música ha jugado un papel muy importante en la historia de la humanidad. Los griegos consideraban a la música como una cualidad para influir moralmente en las personas y entretener a las masas. Por ejemplo, para Aristóteles, la música era simplemente entretenimiento, una forma de descansar o divertirse.

La música ha acompañado a la historia del hombre porque le genera diferentes reacciones psicológicas y puede inducir o modificar estados cognitivos, anímicos o emocionales. En los últimos tiempos, se ha conocido que la música genera efectos también en los niveles hormonales de la gente y en la conductividad cerebral, que a su vez generan consecuencias en su conducta y comportamiento. La música tiene un efecto, también, en la actitud y las decisiones de la gente, ya sea levantado el ánimo, eliminando angustias, generando amor o miedo o para atacar a los adversarios, según sea el caso.

En la política, la música, como acción lúdica por antonomasia, ha sido utilizada a lo largo de la historia para generar simpatías, llamar la atención, entretener, envalentonar, movilizar, congregar y divertir. Ya desde la antigüedad, Juvenal decía que lo que el pueblo requería era "pan y circo". En muchos casos, a través de la música se ha intentado comunicar un mensaje, emocionar a la gente y movilizarla electoralmente. Hoy día, muchos anuncios electorales y campañas políticas en el orbe se sostienen y triunfan gracias a la música.

Durante las campañas electorales, la retórica y el acompañamiento musical en sus diversas formas y modalidades pueden ayudar a generar votos. Por un lado, la música acompaña la gran mayoría de los spots electorales, ya que más de 94 por ciento de los anuncios políticos tienen algún tipo de acompañamiento musical. Por el otro, los conciertos, melodías e himnos de campaña se han convertido en instrumentos de comunicación política muy útiles y efectivos para ganar elecciones.

La cueca, la batucada, el mariachi, el reggaetón, el jazz, el rock, el hip hop, el rap, el pop, la cumbia, el bolero, las marchas, las trovas y los himnos son, entre otros ritmos y géneros musicales, muy comunes durante las campañas electorales, todo esto con el fin de agradar y persuadir a los votantes. En este sentido, la música se ha convertido en un arma poderosa de comunicación electoral y, en muchos casos, como fue el de los Estados Unidos de Norteamérica, como la banda sonora del cambio que logró hacer historia en este país en el año 2008.

De esta forma, en la política electoral, la música se ha convertido en un factor real de poder. En el caso estudiado, Obama utilizó de manera creativa e inteligente la música, como estrategia poderosa para persuadir y movilizar a los votantes, llegando a la Casa Blanca de la mano y con el apoyo, no sólo de las "grandes minorías" americanas, sino también de cientos de artistas, músicos y demás celebridades del espectáculo."[47]

---

[47] Al respecto del poder de la música en la política, Gabriel Plaza señala "Dime qué escuchas y te diré a que candidato votas (Véase Gabriel Plaza, Música y política: Canciones en Campaña, en http://www.lanacion.com.ar/nota.asp?nota_id=993704).

El Color en la Estrategia de Persuasión en las Campañas[48]

Las mejores campañas son
las campañas coloridas.

1. Introducción

El color es una parte del espectro lumínico generado a partir de una energía vibratoria. Esta energía influye, de diferente manera, en el comportamiento del ser humano, generando diferentes sensaciones y movilizando ciertas emociones.

Históricamente, el color se ha utilizado como parte de las estrategias de persuasión tanto en el área social, comercial, religiosa, militar y política. En el área social, por ejemplo, los colores festivos se utilizan para embellecer las calles, las casas, la vestimenta de la gente, hasta los templos y las plazas públicas. En el área comercial, los consumidores suelen asociar ciertos rasgos de personalidad con colores específicos, denotando, por ejemplo, excitación, novedad, sofisticación y belleza, entre otras cosas. En el área religiosa, los colores se han usada para adornar templos, vestir santos e identificar credos. Por ejemplo, el verde se asocia al islamismo, el rojo al cristianismo, el blanco al budismo, el azofrado al hinduismo, el amarillo al judaísmo y el azul al catolicismo. Para esta última religión, el azul es el color del cielo, mientras que el negro es el color del inframundo. En el área militar, los colores verde, marrón y olivo son característicos de los uniformes y vehículos militares.

En el ámbito político, los colores son los distintivos comunes de las banderas y los símbolos patrios, además de usarse como distintivos o emblemas partidistas e ideológicos.[49] Por ejemplo, "los colores como el azul y el rojo están entre los más empleados por su asociación a la derecha e izquierda política, respectivamente. Tienen una tradición incluso más antigua que el propio origen del concepto de

[48] Esta parte del escrito fue elaborado con el apoyo y la colaboración entusiasta de Yolanda Barroso, alumna de la maestría en Dirección de Marketing dl CUCEA de la Universidad de Guadalajara.

[49] Al respecto, Alicia Sánchez Ortiz (1999) afirma que el color es un símbolo de poder y orden social. "El uso político de nombres de colores es una constante en la historia mundial y un recurso frecuente en cualquier sistema codificado. Con el trascurrir del tiempo, las connotaciones políticas de los colores, nacidas en la Europa occidental, se han ido internacionalizando de manera que han cubierto progresivamente un territorio cada vez más extenso" (Ortíz, 1999).

espectro político (izquierda-derecha) originado en la Revolución francesa, pues se incluían en una expresión muy extendida para designar las diferencias sociales: la oposición entre sangre azul y sangre roja."[50]

El ser humano es influido, en diferente forma e intensidad, en su conducta y comportamiento por los colores, ya que estos generan y despiertan respuestas emocionales. De esta forma, el factor psicológico del ser humano se ve influido por el ambiente creado por el color, que puede ser de alegría, tristeza, calma, recogimiento o, incluso, violencia. [51]

En la política electoral, el color, como elemento, lúdico ha jugado un papel muy importante como parte de las estrategias de persuasión durante las campañas electorales, usado para hacer más atractivos y visibles los signos y símbolos políticos.[52] De hecho, la gran mayoría de los partidos históricamente han adoptado distintos colores que les ayudan a formar su identidad y tratar de diferenciarse política e ideológicamente. En muchos casos, estos colores están normados y claramente definidos en los estatutos partidistas, utilizados como parte de los logotipos y emblemas de los partidos.[53] Durante las campañas, los colores se han usado como instrumento de persuasión, aplicándose en los diferentes objetos de propaganda electoral sea esta utilitaria, escrita, gráfica, mediático o digital, dotándole de colorido y sentido de identidad y pertenencia.

El color ha sido objeto de estudio por más de dos mil años. En pleno siglo XXI, hay quienes aseguran que, a pesar de estos estudios, a la fecha seguimos aprendiendo cosas nuevas sobre cómo nos afecta el color y su importancia que tiene en nuestra vida. (Guilbert, 2009)

En el presente capítulo, se tratarán de responder las siguientes interrogantes: ¿Qué efectos generan los colores en el comportamiento del ser humano? ¿Qué efectos generan los colores en el comportamiento político electoral de los ciudadanos? ¿Cómo han usado los colores los partidos políticos y sus candidatos durante las campañas electorales? ¿Por qué los colores influyen en el

---

[50] Véase Colores políticos en http://es.wikipedia.org/wiki/Discusi%C3%B3n:Colores_pol%C3%ADticos

[51] El color, como un elemento de estrategia política, ha sido utilizado desde hace más de un siglo; es innegable la asociación histórica que se hace de lo "bueno" a lo blanco y lo "negro a lo malo".

[52] La palabra candidato deriva del término candido, que significa blanco o impoluto. En la Roma antigua los candidatos a los diferentes puestos de elección popular vestían de blanco porque eran personas sin mancha o con una alta reputación social.

[53] Un **logotipo** (coloquialmente conocido como **logo**) es un elemento gráfico, verbo-visual o auditivo que identifica a una persona, empresa, institución o producto. Los logotipos suelen incluir símbolos coloridos claramente asociados a quienes representan.

comportamiento político y qué emociones son las que movilizan? ¿Cómo han utilizado el color los principales partidos políticos de México como parte de sus estrategias políticas?

2. La importancia del color

Imaginar un mundo sin color, es imaginar un mundo sin vida. Cuentan que fue Aristóteles quien describió los colores básicos, aquellos que se relacionaban con los cuatro elementos: el fuego, la tierra, el cielo y el agua.

La utilización de los colores de la naturaleza comenzó en la prehistoria, cuando el hombre primitivo, al recolectar piedras para su adorno personal, manchó sus manos con la tierra que las recogía. Así fue como el rojo ocre se convirtió en el primer color usado por el hombre en sus dibujos en las cavernas y ceremonias fúnebres. Los colores de la prehistoria fueron tres: el marrón o rojo ocre, el gris y el negro (educared, 2009). Existe evidencia de esos colores en los incipientes dibujos que quedaron en las cavernas prehistóricas.

En Egipto, el color se utilizó para preparar curas y medicamentos. Kathia Gilbert (2009) señala que los pisos egipcios eran de color verde y que el azul era otro color importante, ya que era el color del cielo. Los egipcios fueron pioneros en la construcción de templos-hospitales donde usaban gemas y cristales, antecedente de lo que hoy se conoce como cromoterapia, una terapia alternativa para curar dolores y algunos padecimientos. "Hay papiros que datan de 1550 años antes de Cristo que hablaban de las "curas de dolor."

Han pasado más de 300 años, desde que Isaac Newton comenzó a experimentar con el color, cuando al pasar un rayo de luz por un prisma, descubrió siete colores y que al pasar esos colores por otro prisma, el rayo de luz nuevamente se hacía blanco. Ya se sabía que el negro es la ausencia de color y con su experimento, Newton reafirmaba la teoría de que el blanco es la conjunción de todos los colores.

3. Los efectos persuasivos del color

La psicología del color es el estudio del efecto que tienen los colores sobre el humor, el comportamiento y las emociones humanas. (Schnauzer, 2009).[54]

En la mercadotecnia política, el estudio del color y su efecto en las emociones de los ciudadanos es un terreno casi virgen, ya que son muy pocas las referencias bibliográficas que enfatizan en el color como estrategia de una campaña electoral o como elemento de identidad de un partido político con sus simpatizantes.

---

[54] Aunque los colores han estado presentes a lo largo de toda la historia del hombre, la psicología del color es un área relativamente nueva, que no ha sido aceptada totalmente por las corrientes principales de la psicología.

El color evoca emociones y sensaciones distintas; muchas de ellas dependen del lugar en el mundo donde se encuentren las personas. "Una de las propiedades psicológicas de los colores, es que son capaces de evocar determinados valores afectivos, emocionales o conceptuales" (León & Ávila Charaund, 2001).

El color, entonces, es algo subjetivo, ya que el significado y la connotación puede variar de una persona a otra[55] y de una cultura a otra.[56]

Un ejemplo casi universal es el color blanco. En las sociedades occidentales, significa "pureza y virtud"; por eso los vestidos de novia de esta parte del planeta son, en su mayoría, blancos. Sin embargo, las novias musulmanas visten de negro. También al otro lado del continente, en Asia, el blanco significa "luto", en la India el color rojo es el color que representa la "pureza".

Las diferencias culturales en las connotaciones del color son históricas. Cada nación y cada pueblo desarrollaron, a través del tiempo, sus propios códigos de significación de algunos colores.

Es importante tomar en cuenta la percepción psicológica del significado de los colores. Enrique Serrano (2009) señala que los colores azul y verde tienen "connotaciones positivas" y que el naranja y rojo, que son colores cálidos, tienen "connotaciones negativas".

El color es una experiencia subjetiva (Wilson, 1981) que puede movilizar distintas emociones. Al observar un color, diversas sensaciones comienzan a producirse en distintas áreas de nuestro ser. Wilson cita al filósofo del siglo XIX, William James, quien dijo: "Aunque parte de lo que percibimos viene a nuestros sentidos del objeto que tenemos delante, otra parte (y quizá la mayor) procede siempre...de nuestra cabeza."

Los colores están presentes de muchas formas en la vida de las personas, más de las que pudiéramos imaginarnos. "Los colores y sentimientos no se combinan de manera accidental, sus asociaciones no son cuestiones de gusto, sino de experiencias universales profundamente enraizadas desde la infancia en nuestro lenguaje y nuestro pensamiento" (Heller, 2004).[57]

---

[55] La manera como una persona "ve" un color, no es fácil de explicar y medir, porque puede variar de una persona a otra y depende en qué lugar del mundo se encuentre y que tipo de cultura o experiencia ha tenido.

[56] A nivel internacional, hay algunos códigos de colores, cuyo significado son comunes a todas las culturas y se han estandarizado en ciertos símbolos. Las señales de tránsito, son un ejemplo, son un claro ejemplo de esto: de esta forma, el verde significa "siga" en todo el mundo, porque tiene una connotación positiva. Por su parte, "el amarillo es luz "preventiva" porque significa cautela y el rojo es "alto," por su connotación negativa"(Serrano, 2009)

[57] Heller (2004), psicóloga y socióloga alemana, afirma que cada uno de los colores puede generar distintos efectos, con frecuencia antagónicos. Por ejemplo, el color rojo puede asociarse a lo erótico, a la pasión, a la brutalidad e, incluso, a la nobleza. Por su parte, el color verde puede

Heller (citada en Serrano, 2009) aplicó una prueba a una muestra heterogénea de personas, a quienes les pidió que asignaran uno de un total de 13 colores, a más de 200 conceptos distintos, como amor, tranquilidad, originalidad, envidia, seguridad, astucia, belleza, fealdad, odio, moderno y anticuado, entre otros.

En ese experimento, Heller (2004) descubrió que la mayoría de los encuestados asoció el concepto "realeza" con el color púrpura. De esta manera, Heller (2004) encontró que el significado cultural de un color, no sólo tiene orígenes históricos, psicológicos y políticos, sino también económicos y es que el púrpura es un color muy difícil y caro de reproducir en la naturaleza. Este color se obtenía de unos caracoles llamados "cañadillas".

Se necesitaban hasta diez mil caracoles para producir un gramo de tintura. Los fenicios fueron los primeros en crear las primeras telas teñidas de púrpura. Más tarde, los romanos utilizaron este color como distintivo de la dignidad imperial.

En los tiempos de Jesús de Nazareth, el color púrpura estaba asociado con la realeza, la dignidad y el respeto; pero cuando los soldados de Poncio Pilatos preparaban a Jesús para su crucifixión, le confeccionaron una corona de espinas y una toga púrpura, digna del "rey de los judíos". Muchos años después, el púrpura se convirtió en el color distintivo de la sotana de los Cardenales y el Papa. Explica Serrano (2009) que fue hasta 1,556 cuando el Papa Pio V, en el momento de su elección como pontífice, decide usar el hábito blanco, que desde esa fecha, ha sido la costumbre adoptada por sus sucesores.

Según Heller (2004) "los efectos simbólicos del color ocurren como resultado de una experiencia comunicada, mas no necesariamente personal. La experiencia sensorial pasa por el filtro del análisis y las estructuras teóricas, donde recibe un significado abstracto. El color desarrolla un valor de signo. Durante la experiencia de la comunicación intercultural, la información simbólica pasa de una generación a otra como experiencia cultural. Y así se transmiten también las creencias y los valores: con o sin el soporte de la experiencia personal".

Los colores también representan un país y es importante conocer el significado de las percepciones psicológicas e históricas de los colores. En muchos casos, "son generalmente los colores de su bandera y tienen una simbología muy concreta dentro de las naciones. Los colores de la bandera de México, por ejemplo, son los mismos del Ejército Trigarante que consumó la independencia del país: el verde simboliza la esperanza del pueblo en el destino de su raza, el blanco, representa la pureza de los ideales del pueblo y el rojo, simboliza la sangre que derramaron los héroes por la patria. Para la cultura estadounidense, en cambio (cuya bandera de las barras y estrellas son azul, blanca y roja), los colores combinados de verde, blanco y rojo tienen una distinta connotación: son los colores de la navidad" (Serrano, 2009).

significar salud o, "veneno," aunque para otros llega a ser tranquilizador. El amarillo se ha asociado a los celos, al apetito, pero también a la vida.

Es comprensible entonces, que los colores del Partido Revolucionario Institucional (verde, blanco y rojo) tengan para muchos, connotaciones de "patria," y "nacionalismo" y sean aprovechados por los políticos como fuertes elementos de identidad que van más allá de la gesta electoral.

4. Los efectos políticos del color

El color ejerce diferentes efectos en el comportamiento político de la gente. Al menos, se han documentado diez funciones del color que impactan en el comportamiento de los electores.

En primer lugar, el color logra captar la atención de los votantes, ya sea por la luminosidad que aporta a los diferentes elementos de propaganda, por las sensaciones que genera a la vista de la gente o por las emociones que moviliza. De esta forma, el color genera respuestas automáticas de nuestro sistema nervioso, ayudando a atraer la atención, ya que los elementos cromáticos generan un estado de ánimo en el elector. Es decir, el color cumple una función fática.

En segundo lugar, el color siempre connota algo, ya sea formalidad, feminidad, frescura o violencia, según sea el caso, formando una significación cultural y social a lo largo de los años. En el área política, los colores se han usado para connotar poder, solemnidad, unidad, diferenciación, paz o patriotismo, entre otras cosas.

En tercer lugar, el color siempre referencia algo. Es decir, cumple una función referencial. Desde el punto de vista político, por ejemplo, los colores blanco, verde y rojo son asociados por los mexicanos como los colores patrios, así como lo es el amarillo y verde para el caso de los brasileños.

En cuarto lugar, el color genera una mejor visibilidad social. En este sentido, el color aumenta la eficacia y atención de la propaganda y puede ayudar a que los electores puedan distinguir y diferenciar las distintas ofertas político electorales.

En quinto lugar, el color aumenta la sensación de sabor y deseabilidad, lo cual se aprovecha, por un lado, por muchas organizaciones empresariales para poder vender mejor sus productos o servicios y, por otra, por organizaciones políticas y sociales para tratar de hacer más atractivos a sus candidatos o liderazgos.

En sexto lugar, el color es un gran instrumento persuasivo. De hecho, en el área del diseño industrial se considera que la forma y el color de los productos juegan un importante rol en la persuasión de los clientes. El poder persuasivo del color se genera por el hecho de que es procesado a nivel subconsciente. En este sentido, la propaganda electoral, cuando se apoya en una adecuada combinación de colores, se hace más persuasiva y agradable. Es decir, los colores tienen también sus propiedades, simbolizando significados y produciendo ciertos efectos psicológicos en la conducta y el comportamiento de los electores.

En octavo lugar, los colores producen diferentes reacciones emocionales y afectan el estado de ánimo de la gente.[58] La tristeza o alegría, la ira o el miedo se pueden movilizar no sólo a través del uso de las imágenes y palabras, sino también por el uso del color. Es decir, los colores también provocan sensaciones y movilizan sentimientos y emociones, incidiendo en el estado de ánimo de las personas.[59]

En noveno lugar, el color crea ambientes armónicos y facilita la sintonía de los espacios. En consecuencia, la logística electoral y la propaganda de campaña usan los colores para generar ambientes más armónicos y atractivos para lograr los propósitos centrales de los partidos y sus candidatos.

Finalmente, el color genera una personalidad específica no sólo confiriendo un significado a las cosas, a las organizaciones y a las personas, sino también dotándolas de una personalidad e identidad especifica. Los políticos utilizan los colores en su vestimenta y en su propaganda no sólo para diferenciarse, sino también reafirmar su propia identidad y personalidad.

Al respecto, hay quienes afirman, por ejemplo, que el color verde dejó de ser una tendencia, para convertirse en una ideología y movimiento político. "Para los ecologistas, el verde simboliza la naturaleza, la salud, la democracia, la no violencia y la justicia social. Los partidos verdes, activos hoy en más de 100 países, forman parte de la Red Global Verde" (Oppenheim, 2009).[60]

En suma, los colores y la política están íntimamente ligados, ya que el color es un elemento que aporta identidad al partido y sus candidatos, hace más visible y atractiva su propaganda, moviliza emociones, logra un efecto en la conducta y el comportamiento de los votantes, teniendo una connotación sociológica, ideológica e histórica. Lo mismo se usa en la vestimenta de los políticos, como en la propaganda de los candidatos.

5. Colores y campañas electorales

Las campañas electorales son procesos rutinarios de las democracias modernas que implican acciones intensas de persuasión, comunicación y movilización política de los ciudadanos, que se realizan por parte de organizaciones y personas

[58] "El cromatismo se refiere al impacto emocional que producen en el individuo los colores que se asignan a ciertos elementos que identifican al partido, como son el logo y el símbolo" (Lerma, 2005).

[59] El ser humano a través de los colores puede expresar su humor, su temperamento, su imaginación y su sentimiento.

[60] El color verde es también el color de algunas Organizaciones No Gubernamentales. Greenpeace es un claro ejemplo de esto. "La mayoría de las veces, los activistas están uniformados, pero no con el color verde oliva, sino con el anaranjado, el color que produce más simpatía según la psicología del color" (Wahl, 1997).

con el objetivo, por un lado, de ganar la mayoría de los votos para alcanzar una posición de representación política y, por el otro, para evitar que los opositores obtengan la posición de poder.

Las campañas electorales históricamente se han apoyado en diferentes herramientas publicitarias, mismas que han usado el color como instrumentó para lograr la visibilidad y la persuasión, ya que la combinación de estos puede tener un efecto muy importante sobre los electores potenciales (Hernández, Hernández Sampieri, & Ocampo Jaramillo, 2007).

Desde la precampaña, y más precisamente durante las campañas electorales, los diferentes aspirantes a un puesto de elección popular usan distintos logotipos, emblemas, fotografías, mensajes y slogans que presentan a través de diversos medios a los ciudadanos con el fin de cortejarlos y seducirlos para ganar su voto. En toda la propaganda de campaña, la elección del color y su combinación es primordial, ya que formará parte de toda la papelería básica del candidato, como los son, por ejemplo, las tarjetas de presentación y hojas membretadas; así como los folletos, carteles, pancartas, bardas y los objetos utilitarios, entre otros.

Sin duda, el color es uno de los elementos más importantes en el diseño de una campaña y puede ser un aliado estratégico básico de un candidato para llamar la atención y lograr la persuasión de los electores.

Históricamente, los colores se han asociado con el lenguaje (y con frecuencia) con determinadas ideologías e inclinaciones políticas (Nieto, 2000). Por ejemplo, "en el siglo XIX y la primera mitad del siglo XX, los colores tuvieron un claro significado político, en particular después de la Guerra Civil Española". Hay dos colores, por ejemplo, que a la fecha y aún en España, se asocian a dos vertientes e ideologías políticas antagonistas: el azul y el rojo.

El color azul se asocia a posturas derechistas y el rojo a orientaciones más izquierdistas o comunistas. Ramón Nieto (2000) dice que "tras la Guerra Civil, se instruía a los niños para no pronunciar rojo, recurriendo en su lugar a encarnado. Por su parte, el color blanco se ha asociado a posturas cristianas, pero finalmente adoptó un significado más de neutro o de centro."

Lerma (2005) explica el significado de once colores para tomar en cuenta en el diseño de los identificadores del partido y recomienda su uso en los elementos gráficos de una campaña política.

Blanco es el color neutro por excelencia y el que se ve con más frecuencia. Se utiliza como fondo, porque resalta los colores que están junto a él, en especial los tonos oscuros con los que se hace mayor contraste. Como símbolo, el blanco es el color de la pureza, la paz, el infinito, la tranquilidad y el espacio.

Negro es la ausencia del color, el opuesto al blanco. Es impactante, suele resaltarse cuando se combina con todos claros. Símbolo de la elegancia, cuando es brillante o se combina con dorado o plateado.

Gris. Un color neutro, pasivo, algo frío. Se encuentra en el centro, entre el negro y el blanco. Su número de tonos es infinito. Simboliza la meditación, indecisión, duda y melancolía y, en algunos casos, la ausencia de energía. Combina bien con el mayor número de colores.

Verde. El color de la naturaleza y en especial de la vegetación. Es el más tranquilo y relajante, no transmite alegría pero tampoco tristeza o pasión. Al igual que Heller (2004) Alejandro Lerma (2005) señala que el verde es el color de la esperanza; con un tono amarillento se hace más vivo y alegre, mientras que si se aproxima más al azul se vuelve más frío.[61]

El café es confortable, discreto, equilibrado y realista. Es el color de la tierra y de los troncos de los árboles. Se trata de un color masculino.

Rojo. El color de la sangre, del fuego, fuerte, enérgico, agresivo. Significa pasión, amor, sensualidad, combate y violencia. Cuando se combina con tonos fríos (blanco, azul negro) les da viveza y fuerza.

El rosa es femenino, romántico, suave y alegre; el color de la timidez, la ternura, la intimidad y el candor. Proyecta tranquilidad y cierta vitalidad. No es frecuente ver que se use en símbolos partidarios.

El naranja es un color sumamente fuerte, alegre, estimulante y explosivo, más vital que el amarillo y el rojo, por lo que se le utiliza con frecuencia en la propaganda de campaña en combinación con los colores representativos de los partidos.

Amarillo. Es el color más luminoso, el del sol, la luz y el oro; es alegre, activo, cálido y expansivo. Hace buen contraste con tonos oscuros, confiriéndoles luz y vida, pero suele perderse junto a los claros como el blanco, a menos que esté circundando por uno más oscuro.

El azul es elegante, frío y tranquilo, el color de la meditación y del espacio, del cielo y del mar; simboliza la tristeza, la imaginación y la profundidad.

El violeta resulta de la mezcla del azul y el rojo. Simboliza el arrepentimiento, la reflexión y la meditación; es algo melancólico y místico.

Históricamente, los diferentes partidos políticos han usado los colores y sus diferentes combinaciones no sólo como un instrumento de persuasión, sino como un medio que les genera identidad y posicionamiento político.

Las campañas electorales que resultan ganadoras son generalmente aquellas que se distinguen por ser coloridas y brillantes, mismas que logran transformarse en

---

[61] El color verde es en la actualidad, mucho más que un color, sus significados contradictorios lo catapultan como uno de los colores más populares de estos tiempos. Desde hace varias décadas, el verde se ha asociado a movimientos políticos y ecológicos internacionales, con la finalidad de hacer conciencia del cambio climático y las repercusiones que está teniendo el planeta. El verde tiene además, un valor simbólico en las banderas de muchas de las naciones.

grandes movimientos sociales y populares, constituyéndose como fiestas propias de las democracias modernas.

En el diseño gráfico de una campaña es importante incorporar a los expertos en colorimetría, psicología del color y cromatismo, ya que su experiencia y formación ayudará a diseñar la mejor imagen gráfica de la campaña, lo cual puede convertirse en una importante ventaja competitiva. Al respecto, Lerma (2005) recomienda también hacer una prueba de los diseños de los identificadores del partido mediante técnicas como el grupo de enfoque, para seleccionar los diseños y combinaciones de colores que resulten más convenientes.

6. Los colores, los partidos y las campañas electorales en México.

Las campañas electorales en México han sido acompañadas históricamente por los colores. La primera campaña presidencial se organizó en 1828, en la cual participaron como candidatos Vicente Guerrero, Manuel Gómez Pedraza y Anastasio Bustamante, mismos que realizaron proselitismo con el fin de obtener el voto de las legislaturas locales para poder obtener la mayoría de los sufragios necesarios para ganar la presidencia de la república.

Estas campañas fundacionales, se apoyaron en los colores que identificaban a las tres diferentes opciones políticas para tratar de hacerlas más atractivas e interesantes para los electores. Vicente Guerrero, por ejemplo, uso en su campaña los colores del Ejercito Trigarante (Banco, Verde y Rojo). Por su parte, Gomez Pedraza utilizó los colores azul y blanco (históricamente asociados a los grupos conservadores del país), mientras que Anastasio Bustamante utilizó los colores distintivos del rito Yorkino de las logias masónicas.[62]

En los tiempos actuales, los partidos políticos nacionales se han apoyado en el color no sólo para impulsar y publicitar sus campañas electorales, sino también para generar una identidad político partidista, para crear o reforzar la construcción de marca. De hecho, en México, algunas personas para referirse a los partidos, lo hacen nombrando a los colores "los amarillos, los blanquiazules, los tricolores, los naranjas, etc."

Tales son los casos, por ejemplo, el Partido Revolucionario Institucional (PRI), quien utiliza los colores de la bandera nacional (blanco, rojo y verde) como parte de su identidad partidista usado en su logotipo y en su propaganda política.

De acuerdo al artículo quinto de sus estatutos, "el emblema y los colores que <u>caracterizan y diferencian a</u>l Partido se describen como sigue:

[62] Los partidos políticos (Liberal y conservador) tomaron la tradición, proveniente de Europa y de los Estados Unidos, de distinguirse por colores, por elementos específicos y, principalmente, por estandartes y escudos que daban a conocer, en cierta forma, los lineamientos del pensamiento masónico de cualquiera de las dos tendencias (Véase Universidad autónoma del Estado de México, Coordinación de Identidad Universitaria, XXXVI BOLETIN INFORMATIVO DEL COLEGIO DE CRONISTAS TERCERA EPOCA en http://www.uaemex.mx/identidad/IdnBol51.html#5, fecha de consulta 10 de mayo del 2010).

Un círculo dividido en tres secciones verticales destacadas en color verde, blanco y rojo de izquierda a derecha, respectivamente, enmarcadas en fondo gris la primera y la última y en fondo blanco la segunda. En la sección verde estará impresa en color blanco la letra "P"; en la sección blanca y en color negro la letra "R"; y en la sección roja la letra "I" en color blanco. La letra "R" deberá colocarse en un nivel superior a las otras dos."

Más adelante, en este mismo artículo se señala que "Los órganos del Partido y sus candidatos en campaña deberán utilizar el emblema, los colores y el lema del partido."[63]

En el caso del Partido Acción Nacional (PAN), este instituto político utiliza los colores azul y blanco en su emblema y en su propaganda electoral. De acuerdo al articulo séptimo de sus estatutos,

"El emblema de Acción Nacional es un rectángulo en color plata, en proporción de 1 x 3.5, que enmarca una franja rectangular colocada horizontalmente en la parte media y dividida en tres campos de colores verde, blanco y rojo,[64] respectivamente, y en letras mayúsculas de color azul las palabras ACCION en el extremo superior izquierdo y NACIONAL en el extremo inferior derecho.

En este mismo articulo se señala que "El distintivo electoral de Acción Nacional es un círculo de color azul vivo, circunscribiendo las letras mayúsculas P A N del mismo color azul sobre fondo blanco, enmarcado en un cuadro de esquinas redondeadas, también de color azul."[65]

Para el caso del Partido de la Revolución Democrática (PRD), su emblema distintivo es el "Sol azteca" y los colores partidistas son el amarillo y el negro.[66] Estos colores se usan como distintivo partidista y como parte de la propaganda durante las campañas electorales. El Partido Convergencia (PC), por su parte, utiliza el color naranja como parte de su emblema y en sus campañas electorales. Finalmente, el Partido Verde Ecologista de México (PVEM) utiliza el verde, el blanco y el negro.

En México, el uso de los colores como parte de la identidad partidista no se limita a las campañas electorales y actos partidistas, sino que trasciende y se usa comúnmente como los colores distintivos de los gobiernos emanados de los diferentes partidos políticos. De esta manera, por ejemplo, es común que los gobiernos panistas usen el color azul en la papelería oficial, en los logotipos y

---

[63] Véase estatutos del Partido Revolucionario Institucional en http://www.pri.org.mx/priistastrabajando/pri/documentosbasicos/estatutos.aspx. fecha de consulta, 14 de mayo del 2010.
[64] A pesar de que se contempla en los estatutos el uso de los colores patrio, el PAN no los ha utilizado como distintivo institucional ni en las campañas electorales.
[65] Véase estatutos del Partido Acción Nacional en http://www.pan.org.mx/portal/reglamentos, fecha de consulta, 10 de mayo del 2010.
[66] Los colores del Partido son el amarillo en el fondo y el negro en el sol y las letras.

emblemas de gobierno o pinten de azul los señalamientos vehiculares y la infraestructura de la ciudad. Por su parte, los gobernantes priistas suelen vestir camisas rojas en actos públicos, en la publicidad gubernamental el rojo es un color muy usado y también se utiliza, por ejemplo, en el diseño de las placas de los vehículos automotores, como es el caso de Oaxaca y Sinaloa, por señalar algunos ejemplos. Por su parte, los perredistas, además de de vestir con camisas o corbatas amarillas en actos públicos, han impulsado sendas campañas institucionales para tratar de fortalecer la unidad e identidad partidista. Ejemplo de esto han sido las campañas "El amarillo nos une" o "Hagámoslo amarillo." Finalmente, el Partido Convergencia ha impulsado campañas publicitarias tratando de posicionar el Naranja como el color ligado a la esperanza y el cambio político en México.

7. Comentarios adicionales

El color está presente en innumerables maneras en la vida de los seres humanos, ya que evoca emociones y sensaciones, así como despierta sentimientos. En la política, el color y su correcta combinación o contraste, otorga identidad a los partidos, genera una mayor visibilidad social, diferencia las propuestas electorales, representa distintas corrientes ideológicas y juega, como elemento lúdico, un papel determinante en la persuasión de los electores.

En el caso de los partidos políticos de México, el color ha estado presente desde su fundación. De esta forma, el PRI ha usado históricamente los colores distintivos de la bandera nacional (verde, blanco y rojo). Por su parte, el PAN le ha apostado al azul y al blanco, colores más conservadores y ligados a símbolos y signos de carácter religioso.[67] El PRD le apuesta al amarillo y el negro, mientras que el PVEM y Convergencia se apoyan en el verde y el naranja, respectivamente.

Los colores, usados en la vestimenta de los políticos, en el emblema o en la propaganda partidista, pueden determinar, en cierto grado, la aceptación o el rechazo por parte de los ciudadanos. Las campañas exitosas son aquellas que logran concitar la atención y la movilización política de los electores. En esta movilización, la comunicación y la imagen juegan un papel muy importante. El color está presente tanto en la comunicación gráfica, como en la imagen corporativa de las campañas.

En el diseño de una campaña exitosa es importante observar la correcta combinación de los colores, así como la termicidad de los mismos y su significado cultural. En climas cálidos, por ejemplo, los colores frescos son los más recomendados, mientras que en los climas fríos los recomendados son los colores cálidos. Por su parte, en ciudades con altos índices de inseguridad pública y

---

[67] Por ejemplo, azul es el cielo y de color azul es el manto del vestido que usa la virgen de Guadalupe.

violencia criminal, lo más recomendable no es usar el rojo como elemento central de la propaganda electoral.

El diseño gráfico y la arquitectura visual de una campaña son también elementos importantes para su éxito. En este sentido, bien se puede decir que las campañas coloridas y brillantes son, generalmente, campañas ganadoras. Por su parte, las campañas incoloras y deslucidas son comúnmente campañas perdedoras.

Es decir, sí el color es uno de los factores más importantes en el fracaso o éxito de una campaña electoral, el conocimiento del efecto o impacto del color en las emociones de los ciudadanos y en la generación de simpatías y antipatías políticas, puede ayudar a los políticos y a sus estrategas a entender y afinar su tino en el diseño de una campaña electoral exitosa.

Sin embargo, es importante decir que el uso del color como estrategia política es aún un inmenso terreno virgen por explorar en la investigación científica. En el futuro, la psicología del color y la tecnología de las neurociencias serán dos herramientas imprescindibles para ser más competitivos en la lucha por alcanzar o conservar posiciones de poder político [68] y en el desarrollo de estrategias de campaña para atraer la atención y, sobre todo, lograr el voto de los electores.

---

[68] No es descabellado pensar que en un futuro, los expertos en mercadotecnia política, los neuro-científicos y los estrategas de campañas puedan saber, a través de los nuevos instrumentos científicos y tecnológicos, en qué color pensaban los electores el momento que fueron a votar. En la Universidad de Londres, los científicos lograron con un escáner cerebral (BBC Ciencia, 2010), distinguir los pensamientos de los voluntarios que participaron en un estudio para medir la "memoria episódica", aquellos procesos de recuerdo mucho más complejos de experiencias de personas que incluyen información valiosa como los colores en qué pensaban" dónde estábamos, lo que estábamos haciendo y cómo nos sentíamos al respecto" según explicó la doctora Eleanor Maguire, quien dirigió el estudio.

El Humor como Estrategia de Persuasión

El buen humor es un deber
que tenemos con el prójimo.
John Stevens

1. Introducción

El humor es un fenómeno universal (Weinberger 1991), característico del comportamiento del ser humano,[69] mismo que ha sido conceptualizada de distinta manera. Por ejemplo, para Roperto (2010) el humor es un arte que surge como parte de las sociedades democráticas como una herramienta de crítica hacia los poderes establecidos.[70] El humor o humorismo (del latín: *humor, -ōris*)[71] ha sido definido, también, como el modo de presentar, enjuiciar o comentar la realidad, resaltando el lado cómico, risueño o ridículo de las cosas.

Por su parte, para Sigmund Freud (2002) "el humor es la manifestación más alta de los mecanismos de adaptación del individuo," mientras que para Paul Reboux "el humor consiste simplemente en tratar a la ligera las cosas graves, y gravemente las cosas ligeras." El humor es, también, un hecho de sobrevivencia, un método para el consuelo humano. Al respecto, Nietzsche señalaba que "el hombre sufre tan profundamente que ha debido inventar la risa.» En este sentido, es un medio para hacer más placentera, amena y gratificante la existencia del hombre.

El humor siempre ha acompañado a la política. Desde tiempos antiguos, el humor se utilizó como parte de las estrategias satíricas e irónicas del pueblo para criticar a los malos gobiernos. Por ello, durante mucho tiempo, los humoristas fueron perseguidos por el poder político establecido. Después, el humor fue utilizado como parte de las estrategias de las elites gobernantes para entretener y complacer al pueblo o por los disidentes para criticar a los poderes establecidos.

Figuran, por ejemplo, en la historia de Grecia, Esopo y Aristofanes. El primero vivió durante el siglo sexto antes de Cristo y fue célebre por sus fabulas y sarcasmos en contra

---

[69] El humor, en su acepción de estado de ánimo, siempre está presente en el ser humano, manifestándose como bueno, malo o regular.

[70] Véase Juan Roperto, Humor Político en http://www.monografias.com/trabajos15/humor-politico/humor-politico.shtml, consultado el 18 de agosto del 2010.

[71] El origen del término humor viene de la teoría de los cuatro humores del cuerpo de la medicina griega, que regulaban el estado de ánimo: la bilis, la flema, la sangre y la bilis negra o otra bilis. El carácter humorístico corresponde al humor sanguíneo.

de las elites religiosas.[72] El segundo, vivió durante el siglo cuarto antes de Cristo y fue también reconocido por sus comedias en las que uso un lenguaje incisivo y sarcástico a favor del Partido Aristócrata de Atenas y en contra de los demócratas.[73] Por su parte, en la Roma antigua figuró Fredo, como fabulista lúdico y moralizador, además de Marcial y Luciano, quienes fueron celebres como humoristas, apoyándose en la poesía, los epigramas y las sátiras. [74]

Hoy día, el humor se utiliza como estrategia política para forjar liderazgos y lograr persuadir, informar y divertir a las masas. De hecho, uno de los rasgos distintivos del liderazgo eficaz, consiste en el adecuado uso del sentido del humor, ya que un individuo triste, adusto, amargado, enfadado y, sobre todo, parco y aburrido, difícilmente será seguido por la gente.[75]

El humor se ha usado como medio para hacer reír a los demás, caer bien, agradar, entretener y mejorar las relaciones interpersonales, pero también se ha usado para obtener una ventaja política, ya sea usado el humor en forma de sarcasmo, ironía o para caricaturizar y denigrar a los adversarios. En las campañas electorales, el humor es utilizado por los partidos y candidatos también como medio para gestionar el afecto de los votantes, persuadir, generar atención e identidad, ser comprendido, memorizado e, incluso, generar cambios en las actitudes y comportamientos de los votantes.

¿Por qué se utiliza el humor como estrategia persuasiva en las campañas electorales? ¿Qué efecto genera el uso del humor en la conducta y comportamiento de los electores? ¿Qué ventajas competitivas genera el uso del humor en los procesos electorales? Estas serán algunas de las interrogantes que se trataran de responder en este capítulo.

2. Estado del arte

El humor como herramienta publicitaria ha sido estudiado desde la década de los ochentas, principalmente en los Estados Unidos de Norteamérica y Europa, tratando de conocer, por ejemplo, el efecto del humor en áreas como la persuasión, la capacidad de llamar la atención, la comprensión del mensaje, las actitudes hacia la marca, la minoría,

---

[72] Douglas (1975) considera que los líderes, bajo sistemas dictatoriales, tienden a limitar y censurar el humor en los medios de comunicación.

[73] Quintiliano fue uno de los primeros en sugerir en su obra *"De institutione oratoria,"* el uso del humor como parte de las estrategias de persuasión en el discurso público.

[74] Marco Tulio Cicerón señalaba que el orador requería para persuadir hacer reír a la gente y que a través del uso de las bromas y la risa, el orador puede desarmar las acusaciones que se le imputan y que no son fáciles de refutar por las evidencias.

[75] Aquí es importante señalar que hay variaciones culturales del sentido del humor, que puede hacer que lo que es divertido en un sitio carezca de gracia en otro. Esto se debe a que en el humor cuenta mucho el contexto.

las actitudes y la comprensión, entre otros (Cifuentes, 2005). La mayoría de estos trabajos, se han enfocado al estudio de los negocios y empresas. Sin embargo, poco se ha estudiado como herramienta o medio para gestionar el afecto de los electores, persuadir, movilizar y lograr incidir en la orientación del voto de los ciudadanos (a favor o en contra) de un determinado partido, candidato o plataforma electoral (Bippus 2007). Los estudios que se han realizado también en su mayoría se han hecho en los Estados Unidos de Norteamérica y Europa. En el caso de América latina, los estudios sobre esta área de especialización son prácticamente inexistentes.

En el ámbito empresarial, los estudios que se han hecho sobre el humor como medio publicitario concluyen que es una herramienta que incide en la intensión de compra (Smith, 1993), facilita el proceso de la persuasión de los consumidores, ayudando además en la construcción o reforzamiento de marca (Lyttle 2001, Madden y Weinberger 1982, Zhang 1996, Chatttopadhyay y Basu 1989, Scott, Kleing y Briant 1990). Otros estudios señalan que el humor es muy efectivo, también, para lograr captar la atención del consumidor, teniendo un efecto positivo en la atención a la publicidad comercial (Steward y Furse 1982, Weinberger y Cambell 1991, Madden y Weinberger 1982) y en la atención de los alumnos en el campo educativo (Powell y Andersen 1985, Bryant y Zillman 1979).

Por otro lado, algunas investigaciones concluyen que el humor, usada como estrategia publicitaria, ayuda también a la mejor comprensión por parte de los consumidores del mensaje trasmitido, lo cual resulta de suma interés durante las campañas promocionales (Weinberger y Gulas 1992, Cantor y Venus 1980, Dunkan, Nelson y Frontczak 1983 y Zhang y Zinkhan 1991).

De igual forma, otros estudios señalan que el humor ayuda también a que las marcas sean recordadas y reconocidas mejor por los consumidores, actuando como un reforzador positivo (Según Nord y Meter 1980, Weinberger y Campbell 1991, Chung y Zhao 203 y Furnham 1998). Sobre el efecto de comerciales humorísticos, algunos estudios han concluido que estos generan actitudes positivas hacia las marcas publicitadas, encontrando una relación positiva entre humor y la actitud hacia el anuncio (Pikett 1983, Mitchell y Olson 1981, Zhang 1996, Aitsech, Clines y Kellari 2003, Belch y Belch 1984, Gelb y Pikett 1983, Ray y Batra 1983 y Little 201). Por su parte, Sylvester (2002) señala que el humor publicitario es, también, altamente eficaz porque actúa como elemento diferenciador entre productos similares. Finalmente, otros estudios han concluido que el éxito de la publicidad humorística depende de los medios en el que se transmite (Weinberger y cols 1995, Madden y Weinberger 1984 y Weinberger y Campbell 1991), las diferencias culturales entre consumidores (Alden, Mukherjee y Hover 2001), y hasta las cuestiones de género (Gallivan, 1991, Cantor 1976 y Terry y Ertel 1974).

Dentro del ámbito político, sobra decir que hay pocos estudios sobre el uso del humor como estrategia de persuasión en las campañas electorales o como recurso para lograr el ejercicio del poder. Sobresalen los trabajos de López (2008), quien considera el humor (la risa) como un recurso simbólico de poder, que forma parte del capital cultural y genera un empoderamiento de la persona que lo usa adecuadamente. Por su parte, Tsakona (2009) estudió el uso del humor en el discurso parlamentario analizando el caso de Grecia, apuntando que este se ha utilizado como parte de las estrategias para atacar al adversario, darle un tono de informalidad a los procesos parlamentarios o para generar una identidad propia a sus impulsores. Finalmente, están los trabajos de Vasil Evich (2005) sobre el humor y la política, analizando su uso a través de la historia como parte del proceso político y de Bippus (2007) sobre la efectividad del uso del humor como parte del debate político, así como sobre el uso del humor en las campañas electorales y su efecto en las audiencias.

3. Humor y liderazgo

Bajo sistemas políticos de impronta democrática, la correcta gestión del humor se convierte en un medio estratégico para construir y conservar consensos sociales, necesarios en la edificación de los liderazgos y el acceso o la conservación del poder. De hecho, muchas veces, cuando se enumeran las cualidades distintivas de un buen líder, casi nunca se deja de lado (o por considerar) su buen sentido del humor. Es decir, el sentido del humor es esencial para incidir en las relaciones interpersonales necesarias en el liderazgo.

En este tipo de sistemas, sustentados en la construcción de consensos sociales y mayorías electorales estables, el humor se convierte en una herramienta indispensable para gestionar el afecto de los ciudadanos y lograr su aprobación y aquiescencia. Por el contrario, bajo regímenes autoritarios o totalitarios, sustentados en la coacción, la imposición y la violencia, el humor no es de gran utilidad,[76] ya que estos sistemas no se sustentan en la construcción de consensos sociales y el voto libre e informado de los ciudadanos.[77]

El uso del humor como estrategia persuasiva y de construcción de imagen (marca) sólo es posible bajo sistemas políticos de cuño democrático, sustentados en la competencia, la pluralidad y la libertad de elección. De hecho, el uso inteligente del humor bajo este tipo

---

[76] En algunas ocasiones, bajo sistemas totalitarios y autoritarios, los gobernantes se han apoyado también en el humor negro. Según el Diccionario de la Real Academia Española, el humor negro es un "humorismo que se ejerce a propósito de cosas que suscitarían, contempladas desde otra perspectiva, piedad, terror, lástima o emociones parecidas." En este tipo de sistemas, el humor negro se utiliza, en todo caso, como instrumento de coerción.

[77] Al respecto Vasil Evich (2005) señala que Ivan el Terrible, zar ruso, usaba el humor en forma de ironía

de sistemas, se convierte en una ventaja competitiva en la lucha por conservar o alcanzar posiciones de poder político. La capacidad de empoderamiento que proporciona la risa se basa en la obtención de un consenso. Cuando la audiencia está de acuerdo en la asociación o intervención realizada por el humorista, que puede ser un político, se manifiesta un consenso de acuerdo con su decisión a través de la risa (López 2008). Este consenso, así sea o no de carácter momentáneo, puede incidir en el comportamiento político de la gente en un contexto electoral, ya que, por ejemplo, una persona adusta o malhumorada es catalogada como triste, amargada o mala (Sánchez Álvarez 2007).

En este sentido, el humor es un elemento que forma parte del capital cultural, propiedad de la persona que lo ejerce (López, 2008). El buen ejercicio de este humor, puede empoderar a los individuos facilitando las relaciones interpersonales y la comunicación tan necesaria para el liderazgo.

Daniel Goleman (2001) señala que el buen humor pertenece a los buenos líderes y el mal humor a los malos, así como que el humor es contagioso. Un líder pesimista y mal humorado contagia el enojo, la desconfianza y los malos resultados, mientras que un líder optimista y de buen humor motiva a los colaboradores. Al respecto, John Maxwell (2009) sostiene que un líder con sentido del humor logra mejorar el ambiente de trabajo hasta en un 67 por ciento más que un líder que carece de esta cualidad.

Una investigación en lo particular, por ejemplo, se centró en la frecuencia con la que un grupo de ejecutivos provocaba la risa del entrevistador y luego llevó a cabo un seguimiento longitudinal de los distintos individuos durante un periodo de dos años para ver cuáles acababan convirtiéndose en ejecutivos "estrella". Esa investigación puso de relieve que los líderes más sobresalientes habían conseguido arrancar la risa del entrevistador con una frecuencia dos veces superior a la de los ejecutivos promedio (Madrigal 2010).

De acuerdo a Madrigal (2010), independientemente de la tensión de la situación, los líderes más eficaces recurren con más frecuencia al sentido del humor, al tiempo que transmiten mensajes positivos que modulan el clima emocional subyacente. En otras

---

[78] Rod A. Martín (2007) señala que el humor no siempre indica habilidad social y el bienestar personal, ya que a veces puede revelar problemas de personalidad. Es decir, es una navaja de doble filo, ya que tanto puede facilitar las relaciones personales, como ser un factor erosivo de estas relaciones. Por ejemplo, tanto el humor despreciativo como el auto despreciativo son comportamientos que afectan las relaciones personales o la propia auto estima. El primero, se emplea para criticar y manipular a los demás mediante la burla, el sarcasmo o el ridículo: mientras que el segundo, se emplea para denigrarse a sí mismo, lo cual puede enmascarar episodios de ansiedad y auto-desprecio. En este mismo sentido, Morreal (2010), apunta que quien usa el humor como estrategia comunicacional no es sincero con la gente, además de que el humor refleja cierta vacuidad, engaño, hedonismo, hostilidad e irresponsabilidad.

palabras, el humor como estratagema ayuda a generar un mejor clima inter-relacional entre individuos, lo cual contribuye a la construcción del liderazgo.[78]

Como lo señala Castellvi (2010), "el sentido del humor y la creación de un clima o ambiente agradable deben ser una de las habilidades de un buen líder. La capacidad de reírse demuestra un elevado grado de inteligencia, conocimiento y control de uno mismo y es la mejor manera de atraer otras personas junto a ti."

4. Las funciones políticas del humor

El humor cumple diferentes funciones en las sociedades con sistemas políticos democraticos.[79] Estas funciones explican el porque el humor es frencuentemente recurrido como estrategia publicitaria en la política, con el fin de alcanzar los objetivos organizacionales buscados.

En primer lugar, logra una mayor visibilidad social de los políticos, ayudando a captar mejor la atención de los ciudadanos y de los propios medios de comunicación.

En segundo lugar, facilita el proceso de persuasión, funcionando como un estimulo comunicacional para incidir en las creencias, actitudes y comportamiento de los ciudadanos.

En tercer lugar, sirve como medio para denostar y ridiculizar a los opositores. De hecho, esta es una práctica muy común en la política en la que se busca mofarse y denigrar a la competencia. En este caso, el humor es basado, generalmente, en mostrar la incongruencia y lo absurdo de las acciones, posicionamientos políticos o propuestas de los adversarios (Tsakona 2009).

En cuarto lugar, genera una actitud y predisposición positiva entre los escuchas, ya que los objetivos del humor son hacer reir, agradar, caer bien y seducir a la audiencia.[80] Sin embargo, para alcanzar dichos objetivos es importante conocer el exquema referencial (experiencial) de la audiencia y el contexto (circunstancia) que se está viviendo.

En quinto lugar, ayuda a generar un mayor nivel de memorización, ya que los electores recordaran mejor aquellas frases, discursos y actos políticos en las que el buen humor estuvo presente.

---

[79] Para el neurólogo Lee Berk, la risa, hace disminuir la concentración de cortisol -una de las hormonas causantes del estrés en el organismo-, lo que a su vez potencia una mayor actividad entre los linfocitos que son los responsables de lograr una buena respuesta inmunológica.

[80] De acuerdo a *Jorge Madrigal Fritsch* (2010) la risa cumple, entre otras, con la función de movilizar los centros emocionales de los integrantes de un equipo hacia un rango positivo. Es decir, la risa no sólo es una expresión gestual de la felicidad, es también un mecanismo rápido de descompresión emocional.

En sexto lugar, mejora la comprensión del mensaje transmitido, ayudando en la mejora de la comunicación política. Al usar metaforas en forma humoristica se logra, también, transmitir y comunicar mejor los mensajes.

En séptimo lugar, ayuda a lograr una verdadera diferenciación e identidad. Los ciudadanos tenderán a identificar mejor a los políticos con buen sentido del humor y a aquellos cuyo don principal es saber hacerlos sonreir. De hecho, un adalgio popular señala "una vez que hayas hecho reir a la gente, no importa lo que digas, ya los tienes en la bolsa."

En octavo lugar, ayuda a elevar el estado de ánimo de la audiencia y a superar momentos dificiles, llenos de tensión, ya que la risa es una de las experiencias más placenteras de la vida. Al respecto, los psicólogos han constatado que un buen sentido del humor es uno de los recursos más poderosos para afrontar y superar los fracasos, el caos y el desastre que puede ocurrir, por ejemplo, durante las campañas electorales.[81]

En noveno lugar, el humor tiene un gran poder para unir a las personas y conseguir la cohesión de un grupo,[82] coadyuvando a formar, por ejemplo, equipos de campaña altamente competitivos.[83] Es decir, el humor tiene un gran poder cohesivo, y por lo tanto es un remedio ideal para eliminar las barreras, diferencias y focos de tensión que puedan surgir al seno de los equipos de campaña.

Finalmente, el humor incide en la orientación del voto de los ciudadanos. Es decir, genera un efecto en la toma de decisiones electorales y en la motivación política del votante.

Para que el humor cumpla su objetivo comunicacional y se puedan cumplir a cabalidad las funciones antes señaladas, requiere ser usado con moderación (sin abusar) y de acuerdo al perfil experencial y cultural de la audiencia que trata de influenciar, ya que el humor no es lo cómico, sino la posibilidad de percibirlo.

5. El humor en las campañas electorales

---

[81] Véase Ritz Sandra E. (2004). "El Humor del Superviviente: El Papel del Humor al Enfrentarse las Personas con los Desastres" en El Humor y el Bienestar en las Intervenciones Clínicas, Waleed Salameh y William Fry, Desclee de Brouwer.

[82] Véase Fine Gary A. (1983). "Sociological Approaches to the Study of Humor", A Handbook of Humour Research, Vol. I, P.E. McGhee and J.H. Goldstein, eds., New York: Springer-Verlag.

[83] La unidad se establece cuando se genera un código humorístico común entre los miembros de un equipo.

El humor se utiliza en las campañas electorales porque genera resultados, incidiendo en el estado de ánimo de los votantes y afectando su comportamiento. De acuerdo con Freud (1928), el humor genera un efecto benéfico en el ser humano, ya que ayuda a la distensión y a mejorar las relaciones interpersonales.

Durante las campañas electorales, los candidatos usan comúnmente el humor como estrategia de comunicación apelando a las anécdotas, los chistes, los chascarrillos, las frases celebres, los refranes y, sobre todo, a través del uso de la ironía y el sarcasmo.[84] A través de esta herramienta lúdica, el candidato comunica, acerca y expresa mejor su mensaje. Logra, además, una mayor conectividad emocional con sus electores y puede tocar fibras sensibles y movilizar emociones primarias del ser humano.

Por ejemplo, en la campaña electoral de Tabaré Vásquez durante el 2006, en Uruguay el consultor Luis Costa Bonino señaló uno de los contenidos de la comunicación más efectivos del Frente Amplio fueron aquellos spots de la paradoja, de Horacio Buscaglia. Pero ahí el antídoto anti censura era el humor. Cuando uno se ríe, está dejando pasar cosas, envía un mensaje de manera favorable; se sabe que es propaganda, pero el humor juega como una monea de cambio, que hace que el receptor se abra al mensaje.[85]"

Para millones de ciudadanos, la vida se les presenta como una representación trágica de su existencia, ya que viven, muchas veces, en la miseria, llenos de carencias y frustraciones, habitando en ciudades neuróticas y deshumanizadas, donde cohabitan la violencia, la tragedia y la infelicidad, por lo que están ávidos de las representaciones cómicas o humorísticas que les generen momentos de goce y felicidad, así sean estos fugaces o cortos. Es decir, el elector es un público ávido de humor. En este caso, el candidato encuentra un terreno fértil para poder persuadir a sus audiencias a partir de una estrategia comunicativa sustentada en el humor. [86]

Hacer reír es un arte, el cual puede ser dominado con práctica, persistencia y creatividad. Para ser un buen candidato, es importante saber contar historias, ser entretenido y hacer reír a la gente. En este sentido, un buen candidato debe ser positivo, motivante, saberse

---

[84] Dominar el arte de entretener y hacer reír al público implica un proceso de entrenamiento y aprendizaje en una perspectiva de mediano y largo plazo, que, muchas veces, se sustenta en el ensayo y el error.

[85] Citado por Jaime Clara (2009). En Campaña. Una mirada sobre propaganda y marketing política, Editorial Taurus y Universidad Católica, Uruguay.

[86] Es bien sabido que el humor desempeña una función catártica semejante a la de las lágrimas. En este sentido, la risa produce beneficios, aumenta el nivel de endorfina y la relajación de las audiencias. De la misma forma, es bien sabido que la mente humana necesita refrescarse, descansar, tener algunos momentos de goce, mismos que el humor puede proporcionar.

reír de su propia humanidad, de su pasado, presente y futuro, así como de sus logros y sus desgracias.

De hecho, un buen candidato no sólo debe poseer un buen sentido del humor, sino además, debe dominar el arte de sonreír y de hacerlo con elegancia. El objetivo central es reírse con otros, logrando un mejor acercamiento y no reírse de otros. Es decir, se requiere tener talento para usar el humor como estrategia de campaña o recibir entrenamiento profesional para su dominio, ya que cualquier falla, falsedad o error puede ser detectado con facilidad por el votante y puede generar un efecto contraproducente para sus impulsores. [87]

Juan Luis Cano (1999) señala que "El humor es una actitud ante la vida. Cuando uno afronta los acontecimientos cotidianos de una manera positiva, se pone del lado del mejor humor.[88] En este sentido, los candidatos requieren reír frecuentemente, tener la sonrisa "a flor de piel," y, sobre todo, hacer reír a sus audiencias. De acuerdo a Villa Abride (2010), la risa es acción, es socializadora, evoca, comunica, expresa, divierte, y permite, nos conecta con el niño interno, con el placer, el juego y el movimiento y con todo nuestro ser.[89]

6. Comentarios finales

En este capítulo, se revisó los efectos que genera el humor en las decisiones político-electorales y en la motivación del votante, así como se describieron las principales funciones que cumple el humor en la política. Se examinó, también, la literatura especializada y las investigaciones que se han hecho sobre el tema, tanto en el ámbito empresarial como político. Finalmente, se estudió la importancia del humor en el liderazgo político y en las campañas electorales.

A manera de conclusión, bien se puede decir que, en la esfera política, el humor ha sido utilizado desde la antigüedad con diferentes fines, ya sea para criticar al poder o para afianzarlo.[90] Bajo regímenes democráticos, el humor se ha utilizado como estrategia comunicacional durante las campañas electorales para gestionar el afecto y ganar el voto

---

[87] Por ejemplo, un chiste también puede aburrir, confundir u ofender a ciertos electores.

[88] Véase Juan Luis Cano (1999). Perfiles (ONCE).

[89] Véase María Elena Villa Abrille, "La risa y el humor, como técnicas anti estrés," en http://www.sexovida.com/psicologia/larisa.htm., fecha de consulta, 16 de agosto del 2010.

[90] Por ejemplo, Franklin D. Roosevelt es recordado por su buen sentido del humor.

[91] Algunos casos de mal uso del humor son: 1) La impostación, lo cual puede hacer ver al político como falso y simulador; 2) El decir bromas o anécdotas humorísticas que generan controversia entre la audiencia como las de carácter racista, sexista o xenófobas; 3) Las expresiones humorísticas agresivas hacia los adversarios, que pueden generar rechazo entre la audiencia.

de los electores, buscando persuadirlo y movilizarlo. De esta forma, se ha convertido un elemento estratégico al que recurren los diferentes partidos y candidatos que se disputan los espacios de representación pública.

Sin embargo, es necesario saber utilizar el humor, ya que su mal uso o abuso puede generar un efecto *boomerang*, contraproducente para sus impulsores. Para eso se requiere por parte de los políticos, encontrar y desarrollar su propio estilo humorístico natural,[91] evitando la impostación y la falsedad.

Como se ha comentado, toda campaña electoral implica un proceso de influencia, en la que se busca motivar, por diferentes medios, a los electores para que acudan a votar, apoyen las propuestas y candidatos que postulan los partidos y orienten su voto a favor de una de las opciones que se les presentan. Como parte de las estrategias proselitistas, se usa el humor como fórmula en la comunicación política porque ayuda en el proceso de influencia en la conducta y comportamiento de los electores.

Los efectos que genera el uso adecuado del humor en la conducta de los votantes durante las campañas electorales son diversos. En primer lugar, hace más efectivo el proceso de comunicación política. En segundo lugar, facilita el proceso de persuasión y diferenciación electoral, ayudando también a denostar y ridiculizar a los opositores. Finalmente, genera una predisposición positiva entre la audiencia, ayuda a generar un mayor nivel de memorización de los mensajes transmitidos y, sobre todo, posibilita el ganar el voto de los electores generando ciertas ventajas competitivas para sus impulsores. En este sentido, hoy día para ganar el poder bajo un sistema democrático, se requiere de una buena dosis de buen humor.

A Manera de Colofón

Las campañas electorales son procesos intensos de proselitismo y cortejo de los electores, que realizan los partidos y sus candidatos, por un lado, con el objetivo de obtener el mayor número de votos de los ciudadanos y por el otro, de evitar que sus opositores obtengan esos votos. Como parte sustancial de los sistemas democráticos, toda campaña busca construir mayorías electorales estables y afianzar la legitimidad social de los gobernantes, que es el sustento de todo sistema democrático.

Las campañas electorales son instrumentos legitimadores del poder por antonomasia, que si bien son propios de los sistemas de cuño democrático, son también utilizados en otros sistemas políticos, con el fin de "legitimar" a las elites gobernantes. De esta manera, bajo los sistemas totalitarios y autoritarios, también, se impulsan campañas electorales, aunque bajo patrones conductuales y logísticos muy distintos a los existentes en sistemas democráticos, ya que se constituyen básicamente en ritos protocolarios para el acceso al poder público, alejados de lo que es una real competencia y "disputa civilizada" por los espacios de representación pública.

A través de la historia, las campañas electorales han pasado por diferentes etapas. En un principio, bajo sociedades agrícolas las campañas fueron los medios para que mayoritariamente las masas de campesinos y las muchedumbres canalizaran sus demandas apoyando a caudillos y líderes regionales carismáticos, quienes gobernaban bajo esquemas caciquiles de fuerte estirpe predemocrática. En sociedades industriales, las campañas se caracterizaron por la movilización electoral de obreros, trabajadores agrícolas e integrantes de las clases medias, también bajo esquemas clientelares y populistas. Eran procesos cuasi-autoritarios, enmascarados como democráticos, con un bajo nivel de competencia y de nula movilización electoral autónoma.

A partir de los cambios en las estructuras económicas y políticas de la década de los ochentas en América latina, así como a la nueva revolución tecnológica, se generó una nueva sociedad sustentada en la información, las comunicaciones y el

---

[92] El término sociedad del conocimiento fue utilizado por primera vez en 1969 por Peter Druker, pero no fue sino hasta la década de los noventas del siglo XX cuando Robin Mansell y Nico Stehr lo popularizaron. En 1974, Druker señaló que el conocimiento se colocaría en el centro de la producción de riqueza, en los nuevos motores de generación de desarrollo y progreso (*Sociedad post-capitalista*). Por su parte, el término sociedad de la información fue acuñado por Fritz Machlup en 1962, pero no fue sino hasta 1981 cuando Yoneji Masuda lo popularizó.

conocimiento, misma que en varios países de la región está aún en proceso de construcción.

Este tipo de sociedad de la información y el conocimiento[92] ha generado cambios profundos en la forma como se accede, controla, ejerce y reproduce el poder público, ya que como lo señalara Manuel Castells (1997), la generación, el procesamiento y la transmisión de la información se convierten en las fuentes de la productividad y el poder, debido a las nuevas condiciones tecnológicas que surgen en este período histórico. [93]

Bajo esta nueva realidad, las campañas electorales, en sistemas democráticos, han experimentado distintos cambios, ya sea en la forma de conceptualizarse, organizarse, financiarse, hacer proselitismo, o bien, en la manera de comunicarse y movilizar al electorado. Estos cambios son producto, también, de las transformaciones sociales y políticas de los últimos años, que han generado ciudadanos dotados de mayor información, con más educación y conocimientos sobre los aspectos político electorales y más conectados, a través de distintos dispositivos tecnológicos, con el mundo y sus tendencias políticas e ideológicas.

2. Las campañas electorales en la sociedad pre-moderna

Las campañas electorales del pasado eran procesos poco competitivos impulsados por las elites políticas con el fin de legitimarse socialmente. No eran propiamente campañas sustentadas en una verdadera confrontación y debate público, en igualdad de circunstancia y recursos, entre diferentes actores y partidos, así como entre proyectos y corrientes políticas alternativas y, mucho menos, procesos respetuosos de la libertad de elección. Más bien, eran campañas legitimadoras de decisiones autoritarias cobijadas bajo procedimientos y ropajes democráticos, en la que las acciones fraudulentas, la compra y coacción del voto eran prácticas comunes.

En el caso de México, imperaba el sistema de partido hegemónico de Estado, que permitía la presencia de una "oposición leal," que más que disputar los espacios

---

[93] Hoy día, se entiende por sociedad de la información y el conocimiento aquella en la que la creación, distribución y manipulación de la información y el conocimiento forman parte importante de las actividades cotidianas de las personas y las organizaciones. Las sociedades de la información se caracterizan por basarse en el conocimiento y en los esfuerzos por convertir la información en conocimiento (Ortiz Chaparro, 1995). En este sentido, son tres las características centrales de este tipo de sociedad. Primero, el uso intensivo de tecnologías de la información en múltiples procesos; segundo, la deposición amplia de datos, información y conocimientos por amplios sectores sociales y, tercero, el uso de la información y el conocimiento como medio para construir poder y riqueza.

de poder, su participación servía como elemento legitimador del *status quo*. En otros países, como Argentina y Brasil, la democracia se entendía como movilización de masas por medios clientelares, donde la cooptación y manipulación del voto era común.

En estos tiempos, predominaban las campañas de la tarima, en la que los discursos incendiarios, abstractos y extensos se imponían como forma tradicional de comunicación política. Los electores eran vistos como masas, más que como individuos, mucho menos como ciudadanos, mismos que eran "pastoreados" y movilizados políticamente por caciques y líderes gremiales corruptos.

Los partidos políticos "oficiales" eran considerados como agencias electorales de los gobiernos en turno, ya que no tenían vida propia, mucho menos, independencia o autonomía para tomar sus propias decisiones y determinaciones. Los partidos opositores recibían distintas canonjías y diferentes prebendas, cuando colaboraban con el sistema, como en el caso de México, o, al contrario, eran sujetos de persecución y escarnio político, cuando ejercían la crítica y luchaban verdaderamente por los espacios de representación pública, como los casos de Chile y Perú.

La política era entendida como rito y protocolo. La formalidad se imponía sobre lo informal, la forma sobre el contenido, predominando los grandes mítines y manifestaciones públicas, donde al elector se le coaccionaba para asistir y apoyar a "sus candidatos." Por su parte, los candidatos eran los políticos expertos en la arenga y la retórica de plaza; al elector, le tocaba jugar sólo un papel pasivo: escuchar y apoyar las plataformas programáticas de los partidos y sus abanderados.

En este tipo de campañas, la ideología se sobreponía a todo. Eran los tiempos de las revoluciones sociales y de las grandes movilizaciones populares, donde predominaba el caudillismo y los líderes populistas. De esta forma, la identidad partidista, el adoctrinamiento y la sobre ideologización permeaban y daban cuerpo y forma a la política.

Este tipo de campañas usaban muy poca tecnología o era muy rudimentaria, limitándose, muchas veces, a los altavoces, aparatos de sonido para el perifoneo y a la radio. Tampoco eran campañas sustentadas en la información y el conocimiento De hecho, la escasa información existente era monopolizada por las elites, bajo el argumento que "la información es poder," evitando socializarla con los electores. Por su parte, el conocimiento no era valorado como una variable importante para generar ventajas competitivas en estas campañas.

Sin embargo, este tipo de formas de entender, procesar y hacer política cambiaron sustancialmente, como resultado de las transformaciones en las estructuras económicas, políticas y sociales de la región. La modernización económica, la democratización y el desarrollo tecnológico generaron no sólo un nuevo tipo de sociedad, sino también una forma distinta de disputarse y ejercerse el poder político. En consecuencia, las campañas electorales de carácter competitivo cobraron una mayor importancia, transformándose de ritos protocolarios a ejercicios competitivos determinantes para el acceso y conservación del poder público (Valdez, 2001).

3. Las campañas en la sociedad de la información y el conocimiento

Hoy día, las campañas electorales son verdaderas disputas entre grupos, candidatos, partidos y proyectos políticos alternativos por ocupar los espacios de representación pública. De ritos protocolarios, se han transformado en mecanismos legítimos para ocupar posiciones de poder.

Las características distintivas de las campañas en la nueva sociedad de la información y el conocimiento son las siguientes:

a. Disposición de mayor información. Tanto los candidatos como sus partidos disponen de una mayor cantidad y calidad de la información sobre los electores, sobre la elección y sobre los adversarios. Esta información permite impulsar campañas de precisión, en la que las estrategias proselitistas se dirigen a target y objetivos específicos. De igual forma, los votantes disponen de una mayor cantidad de información, antecedentes y datos sobre los candidatos y partidos, ya sea información proporcionada por los medios de comunicación, los mismos candidatos y partidos o por medio de terceros.

b. Uso de nuevas tecnologías. En el proceso de proselitismo, comunicación, organización y movilización electoral tanto los partidos como los candidatos utilizan más y mejor tecnología. Los dispositivos tecnológicos que están disponibles en el mercado incluyen distintos programas de cómputo para diseño e imagen, dispositivos electrónicos para levantar encuestas, bases de datos, web-blogs, face-book, myspace, wifi, twitter, páginas de Internet, videos interactivos, cámaras, imágenes digitales, redes satelitales y telefonía móvil, entre otros. Además del desarrollo tecnológico, se ha observado una más alta velocidad e inmediatez de las comunicaciones lo que impacta el *timing* de los procesos políticos.

c. **Nuevas formas de hacer proselitismo.** Una mayor información y las nuevas tecnologías han generado también una forma diferente de hacer proselitismo, con mayor precisión y conocimiento situacional de los votantes. Ahora, se conoce con precisión dónde vive el elector, cuál es su filiación política, sus hábitos de votación, a qué sector social pertenece, dónde trabaja, cuánto gana, quiénes son sus patrones o ascendientes y qué beneficios ha obtenido de programas gubernamentales, entre otras cosas.

La disposición o construcción de bases de datos para hacer proselitismo telefónico, por Internet o por contacto directo se está generalizando, ya sea para promover el voto a favor de un determinado candidato o partido o para tratar de retirarle los votos a la competencia. De esta forma, el conocimiento profundo de los ciudadanos, por parte de los partidos y candidatos, se convierte en una ventaja competitiva en la disputa por el poder.

d. **Mayor predicción de resultados.** Con el frecuente levantamiento y uso de encuestas sobre preferencias electorales durante las campañas y la realización de distintos estudios cualitativos para medir la intención del voto y su difusión amplia ante la sociedad, los resultados de las campañas resultan muy predecibles. En este sentido, los escenarios y resultados posibles son dibujados con cierta precisión desde mucho antes de la gesta electoral, lo cual "induce", de cierta manera, la conducta del elector. Es decir, las encuestas sobre preferencias electorales no sólo señalan posibles resultados, sino además "orientan" a muchos votantes para emitir su sufragio hacia candidatos o partidos que, generalmente, llevan la delantera.

e. **Predominio de campañas mediáticas.** Como parte de la nueva sociedad de la información y el conocimiento, los medios de comunicación se han convertido en el espacio de interacción social por excelencia y en conductos privilegiados para persuadir a los electores. De hecho, los votantes se enteran de política y discuten sobre los temas de la agenda pública y electoral, principalmente, motivados por lo que ven, escuchan o leen en los medios de comunicación, especialmente a través de la televisión y la Internet. Estos medios han cambiado la forma de hacer política y la manera de impulsar campañas, privilegiándose las campañas mediáticas y las ciber-campañas sobre las de contacto directo con el elector.

f. **Existencia de un nuevo elector**. La nueva sociedad de la información y el conocimiento está generando también cambios en el mercado electoral. Hoy día, tenemos un elector más informado, con mayores niveles educativos y conocimientos que los que existían en el pasado. En consecuencia, motivar al elector y obtener su voto implica para los partidos y candidatos no sólo realizar un mayor esfuerzo, sino también emplear una mayor creatividad e inteligencia.

g. **Articulación de nuevas estrategias.** Las ciber estrategias y las campañas mediáticas altamente sofisticadas, con targets específicos e infotácticas probadas se convierten en prácticas comunes de partidos y candidatos en la nueva sociedad de la información y el conocimiento. Estas estrategias de campaña toman en cuenta la interactividad y heterogeneidad de los mercados electorales y la existencia de una sociedad red, altamente vinculada entre si. De hecho, las nuevas campañas, se han convertido en confrontaciones de estrategias entre actores e instituciones políticas dotados con mayores conocimientos, tecnologías y nuevas competencias en la búsqueda del poder público. Hoy día, estas campañas se han convertido en ejercicios proselitistas mucho más sofisticados y creativos, usando nuevas estrategias y tácticas para ganar el voto mayoritario de los electores.

h. Nuevos partidos. La nueva sociedad de la información y el conocimiento está generando, también, cambios importantes en los propios partidos políticos, ya sea en la forma de organizarse, de relacionarse con la sociedad o de impulsar las campañas electorales. Las transformaciones que ha generado esta nueva sociedad han constituido, de hecho, nuevos partidos, distintos a los de las décadas pasadas, a pesar de que, en muchos casos, se mantengan los mismos nombres y logotipos partidistas. Estos nuevos partidos muestran una fuerte orientación hacia el mercado, están más equipados con tecnología de punta y han desarrollado una inteligencia relacional y competitiva más alta que en el pasado.

i. Nuevos candidatos. Estas transformaciones también están demandando candidatos diferentes con perfiles y orientaciones distintas a los que predominaban años atrás. Hoy día, los candidatos exitosos son aquellos con mayores habilidades para desempeñarse ante los medios de comunicación, con perfiles fotogénicos e histriónicos, así como candidatos con mayores competencias, conocimientos, inteligencias múltiples y con una mejor imagen pública (Gordoa, 2004).

j. Campañas lúdicas. La nueva revolución tecnológica, económica y política se ha acompañado de una "era del entretenimiento," en la que los ciudadanos están habidos de vivir momentos de placer, humor y entretenimiento, ante la existencia de una cotidianidad muchas veces drástica y dolorosa para millones de votantes. Bajo este contexto, las campañas electorales que han incorporado la dimensión lúdica en sus procesos, prácticas y acciones son, hoy día, las que comúnmente salen victoriosas. De la misma manera, los candidatos más competentes en el arte de entretener, divertir, caer bien y agradar a los electores son los que comúnmente ganan los comicios electorales.

4. Nueva comunicación persuasiva

En la nueva sociedad de la información y el conocimiento surge una nueva forma de hacer, entender, procesar y desarrollar la política, que día a día gana terreno no sólo desde la perspectiva de asimilación de la clase política, sino básicamente desde el paradigma de la nueva realidad del electorado. Esto es, la sociedad ha evolucionado enormemente, los votantes de hoy día, son política, social y culturalmente diferentes a los del siglo XX. En este sentido, no es descabellado señalar que ha surgido una nueva política, con características distintas a la predominante en el pasado.

Sin embargo, todavía muchos candidatos y partidos siguen haciendo política a la vieja usanza, lo que ha generado una gran decepción social, realizando una política muy antigua, que no atrae a las "nuevas mayorías" o que se está alejando rápidamente de estas nuevas mayorías.

Por ejemplo, en materia discursiva siguen usando un lenguaje que se utilizaba hace décadas, con referencia hacia las masas y no hacia los individuos, apelando al interés genérico cuando lo que predomina hoy día son las individualidades y la atención personalizada a los votantes. En otras palabras, la vieja comunicación apelaba a las masas, mientras que la nueva comunicación apela a los individuos, a sus deseos, sentimientos, emociones y expectativas.

En el pasado, como se ha señalado más arriba, predominaba como parte de la comunicación en campañas, la política de la tarima y la retórica. En la actualidad, la nueva política es la del video, la imagen, la televisión, la Internet y la telefonía móvil (Sartori, 2003).

En el pasado, se imponían los grandes discursos y las grandes concentraciones públicas convocadas por los partidos y sus candidatos. La idea era "llenar plazas," mostrar capacidad de convocatoria y movilización política. En la actualidad, el objetivo es "llenar urnas," movilizando electoralmente a los votantes hacia los centros de votación, más que desgastándolos innecesariamente en mítines y marchas que afectan derechos de terceros.

La comunicación que predominaba en el pasado era de carácter formal, protocolaria, como parte de los rituales propios de una política electoral barroca. Hoy día, se impone un formato de comunicación directa, donde la formalidad está dando paso al predominio de lo informal y lo irreverente caracterizado por el uso, por parte de los políticos, de un lenguaje simple, directo, sencillo, y, sobre todo, breve. De esta forma, la vieja comunicación política de estirpe formal y vertical está dando paso a una nueva política más informal y horizontal sustentada en un "lenguaje ciudadano."

La nueva comunicación política es más cercana a la gente. La distancia en que son percibidos los candidatos hoy día la impone la proxemia que generan los medios de comunicación. Si es por televisión, la distancia es cercana a los tres metros, si es por radio no pasa de los 10 metros y si es por la Internet la distancia no es mayor de los cincuenta centímetros. Es decir, la nueva política electoral, gracias a los nuevos dispositivos tecnológicos, se hace a menor distancia, a pesar de que el "hecho político" o los candidatos estén a cientos o miles de kilómetros.

En materia de comunicación persuasiva, también, se han experimentado diferentes cambios. En el pasado, el candidato de la tarima y la retórica se limitaba a hablar, a pronunciar discursos incendiarios y emotivos. Hoy día, lo que predomina son candidatos que "hablan poco y escuchan mucho." Los dilatados y aburridos discursos, la retórica impetuosa y la complejidad del lenguaje han dado, además, paso a una nueva comunicación alternativa, sustentada en la sencillez, lo lúdico, la brevedad y la precisión, todo esto bajo el principio de que "en comunicación, lo menos es más." En otras palabras, los mensajes largos y complejos han dejado el lugar a los mensajes cortos, simples y sencillos.

La antigua comunicación racional y descriptiva ha dado paso a la nueva comunicación emocional y significativa, aquella que está orientada a significarle algo al elector, ya que lo válido en una comunicación no es, necesariamente, lo que dice el emisor, sino lo que entiende el receptor. Las campañas de propuestas y compromisos siguen siendo demandas cotidianas por parte, principalmente, de los observadores y críticos de la política en la nueva sociedad de la información y el conocimiento, pero siguen siendo también poco útiles para obtener el apoyo mayoritario de los votantes, ya que los ciudadanos no votan necesariamente por el plan de gobierno o la plataforma programática que presentan los candidatos y partidos, sino votan cuando sienten confianza y cercanía con el candidato y les genera credibilidad sus propuestas de gobierno. Es decir, la confianza, credibilidad y cercanía crea la conexión emocional de los votantes que hace ganar a un candidato, mismas que se han convertido en nuevos factores de poder.

En la nueva sociedad de la información, la comunicación emocional se ha convertido en el nuevo paradigma en la construcción de consensos sociales y como herramienta indispensable para ganar elecciones. Esta comunicación emocional implica el mover afectivamente al elector, tocar sus cuerdas sensibles, movilizarlo desde sus sentimientos y emociones (Damasio, 2006). De lo que se trata ahora es de hablarle a la gente desde el corazón al corazón, movilizando sus emociones para ganar o conservar el poder político.

En el pasado, la comunicación en campañas electorales estaba dominada por los credos ideológicos y por referencias teóricas y filosóficas. Era una comunicación eminentemente ideológica, cargada de simbolismos y metáforas doctrinarias. Hoy día, la nueva comunicación, es más bien pragmática, orientada a movilizar a los votantes desde sus problemas, vivencias, necesidades, deseos, expectativas, aspiraciones, sueños, emociones y sentimientos. Una comunicación práctica más que ideológica, orientada hacia los problemas y deseos cotidianos de los electores.

La vieja comunicación era eminentemente partidista y política, llena de referencias organizacionales, actos históricos y llamados altruistas. Era la política hegemónica del partido y su ideología. Hoy día, la nueva comunicación en la sociedad de la información y el conocimiento es a-política e, incluso, anti-política, ya que mueve a los votantes criticando a la propia política, a la política tradicional y arcaica.

La vieja comunicación era general y abstracta, llena de tecnicismos y generalidades, dirigida a una parte de la sociedad. Hoy día, la nueva comunicación es específica y concreta, ya que habla de los problemas cotidianos de hombres y mujeres cotidianos ante realidades y circunstancias cotidianas, que aspiran a tener un mejor futuro para ellos y sus seres queridos.

En fin, la nueva comunicación en campañas electorales en la sociedad de la información y el conocimiento no sólo está acompañada de nuevos dispositivos tecnológicos y de nuevos receptores más educados e informados, sino también de nuevos emisores y, sobre todo, de nuevas estrategias, procesos, métodos y sistemas útiles para persuadir y movilizar a los votantes. Bajo este escenario, las campañas alegres, festivas y coloridas son las que comúnmente se imponen como ganadoras.

5. Comentarios finales

La información y el conocimiento, en un mundo globalizado, no sólo han generado cambios en la manera en la que las sociedades funcionan, sino también, en la forma como se accede y disputa el poder político. Hoy día, el poder se disputa con tecnología, información, conocimientos, astucia e inteligencia, de tal forma que los partidos y candidatos más competentes y hábiles, bajo las nuevas circunstancias, serán los que logren construir ventajas competitivas estables y, en consecuencia, accedan o conserven, las posiciones de representación pública en las nuevas democracias.

Bajo esta nueva realidad, las campañas electorales han adquirido un nuevo perfil transformándose de procesos proselitistas vernáculos y tradicionalistas, en verdaderas e intensas competencias políticas entre partidos y candidatos que luchan intensamente por los espacios de poder. Estas nuevas campañas de precisión, se sustentan en la gestión del afecto, la movilización de emociones, la información, el conocimiento y el desarrollo tecnológico, así como en una gestión inteligente y creativa de intangibles propios del proceso de intercambio político.

La nueva sociedad de la información y el conocimiento aunado a la "era del entretenimiento," han generados cambios también en los partidos políticos, en la forma de hacer campaña, en sus estrategias y tácticas proselitistas y en la manera como comúnmente se comunican los candidatos con sus electores. Hoy día, la vieja comunicación ha dado lugar a formas modernas de persuasión y movilización electoral en la que los medios de comunicación, la Internet y la telefonía celular, entre otros, se han impuesto como conductos privilegiados para hacer política.

Esta nueva sociedad, está generando, también, un tipo de ciudadano distinto, por un lado, un elector más interesado en el entretenimiento, el placer, el goce y la diversión, que constituye la mayoría de los votantes y, por el otro, un elector con mayor información y conocimiento de los procesos políticos, con mayor conciencia sobre su papel en los procesos democráticos, inconforme y exigente, capaz de dilucidar entre las diferentes opciones, alternativas y estratagemas que se le presenten en tiempos electorales, que representa, desgraciadamente, una minoría.

En fin, una nueva sociedad y una nueva política, sustentada en la información, el conocimiento, el desarrollo tecnológico y las comunicaciones, en estrecha interrelación con un mundo más globalizado y un sistema político crecientemente más plural, competido y democrático. Todo esto bajo un nuevo contexto denominado la "era del entretenimiento y el predominio de un elector lúdico.

Bibliografía

ALDEN, D. & Mukherjee, A. & Hoyer, W. (2000). *Extending a contrast resolution model of humor in television advertising: the role of surprise.* Internacional journal of humor research. Vol 13, Pp. 193-217.

BAÑOS, G. M. (2002). *Música en la publicidad televisiva.* Comunicación audiovisual.

BBC Ciencia. (12 de Marzo de 2010). *BBC Mundo.* Recuperado el 16 de Marzo de 2010 de la pagina
http://www.bbc.co.uk/mundo/ciencia_tecnologia/2010/03/100312_escaner_recuerd os_men.shtml

BELCH, G. & Belch, M. (1984). *An investigation of effects of repetition on cognitive and affective reactions to humorous and serious television commercials.* Advances in consumer research. Vol 11. Pp. 4-10

BIPPUS, A. (2007). *Factors predicting the perceived effectiveness of politicians' use of humor during a debate.* International journal of humor research. Volume 20, issue 2, Pp. 105-121.

BRADER, T. (2004). *Campaigning for Hearts and Minds: How Emotional Appeals in Political Ads Work.* New York, USA, University Press.

BRYANT, J. & Zillmann, D. (1979). *Teachers' humor in the college classroom.* Communication edication. Vol 28. Pp. 110-118

CANTOR, J. & Venus, P. (1980). *The effects of humor or recall of a radio advertisement.* Journal of broadcasting. Vol 24.

CANTOR, J. (1976) what is funny to whom? Journal of communication. Pp. 164-172.

CASTELLS, M. (1997). *La era de la información.* Economía, sociedad y cultura. Volumen 1. *La sociedad red*, Alianza Editorial, Madrid.

CASTELLVI, E. (2010). *Ocho características de la "dirección por la risa y el buen humor".* Recuperado el 01 de agosto del 2010 de la página
http://www.rrhhmagazine.com/articulos.asp?id=493

CHATTOPADHYAY, A. & Basu, K. (1989). *Prior Brand Evaluation as a Moderator of the Effects of Humor in Advertising.* Journal of Marketing Research, 26 (4), 466-476.

CHUNG, H. & Zhao, X. (2003). *Humor effect on memory and attitude: moderating role of product involvement.* International journal of advertising.

CIFUENTES, M. C. (2005). *Tipos de humor en la publicidad impresa en Colombia.* Diversitas, enero-junio, Vol. 1. No. 1, Universidad de Santo Tomas, Bogota, Colombia. Pp. 31-45.

CLARA, Jaime (2009). En Campaña. Una mirada sobre propaganda y marketing política, Uruguay Editorial Taurus y Universidad Católica.

COTERRET Jean Marie, *La comunicación política (gobernantes y gobernados)*, Argentina: Editorial Atenea, 1977.

DAHL, R. A. (1989). *Poliarchy. Participation and Opposition.* Tecnos Editorial, Madrid.

DAMASIO, A. *El Error de Descartes, Editorial Crítica, 2006.*

DOUGLAS, M. (1975). *Implicit meanings.* Routledge and kegan Paul. London.

DOWNS, A. (1957). *Teoría económica de la democracia,* Madrid: Aguilar.

DRUKER, P. (1997). *La Sociedad Postcapitalista.* Grupo Editorial NORMA, Cuarta reimpresión Colombia, mayo de 1997.

DUNCAN, C. & Nelson, J. & Frontczak, N. (1983) *the effect of humor on advertising comprehension.* Advances in consumer research. Vol 11, 432-437.

EDUCARED. (2009). Recuperado el 18 de mayo de 2010, de wikillerato: http://portales.educared.net/wikiEducared/index.php?title=Colores_de_la_prehistoria

FERNÁNDEZ, R. (2008). *La política del miedo.* Fecha de consulta 16 de junio del 2008 en www.nodo50.org/ellibertario/40rubenf.htm

FINE, G. A. (1983). *Sociological Approaches to the Study of Humor.* A Handbook of Humour Research, Vol. I, P.E. McGhee and J.H. Goldstein, eds., New York: Springer-Verlag

FREUD, S. (1928). *Humor. International Journal of Psychoanalysis*, 9, 1-6

FURNHAM, A. (1998). *Effects of programa context on memory of humorous televiosn commercials.* Applied cognitive psychology. Vol 12, Pp. 555-567

FURSE, D. & Stewart, D.(1982). *Monetary incentives versus promised contribution to charity: New evidence on mail survey response. Journal of Marketing Research* 19:375-380.

GALLIVAN, J. (1992). *Group differeneces in appreciation of feminist humor.* Humor Vol 5. Pp. 369-374

GELB, B. & Pickett, C. (1983). *Attitude toward the ad: links to humor and to advertising effectiveness.* Journal of advertising, Vol 12. Pp. 34-42.

GIRAD, B. & Siochru, S. (2005). *Communicating in the Information Society*, USA: ED. UNRISD.

GOLEMAN, D. (2001). *Inteligencia Emocional.* Editorial Kairós.

GORDOA, V. (2004). *Imagología,* México: Grijalbo

GUILBERT, K. (2009). *Los orígenes del color. Arte y Comunicación gráfica ,* VI (61), 40-41.

GUTIÉRREZ, A. R. (s/f) recuperado el 1 de junio del 2010 de la página http://www.slideshare.net/Antoni/los-tristes-no-ganan-elecciones

GUTIÉRREZ, C.(2004). *La política como encantamiento,* en Heller, E. *dialnet.* Recuperado el 18 de mayo de 2010, de unirioja.es: http://dialnet.unirioja.es/servlet/libro?codigo=254510

HERNÁNDEZ, C. & Hernández S. R. & Ocampo J. E. (2007). *Marketing político e imagen de gobierno en funciones* (Tercera edición ed.). México, D.F.: McGraw Hill Interamericana.

http://www.kasmex.org.mx/mexico/negativkampagnen.pdf, retrieved on May 19, 2009.

HUNGTINGTON, S. (1989). The Sober Meaning of Democracy. Public Studies Magazine N°33, Santiago de Chile.

KRAUSE, L. (s/f), *Contrast Campaigns,* recuperado el 20 de mayo del 2009 de la pagina http://www.letraslibres.com/blog/blogs/index.php?title=campana_de_contraste&more=1&c=1&tb=1&pb=1,

LEÓN, L. R. & Ávila C. R. (2001). *Factores ergonómicos en el diseño.* Guadalajara, Jalisco, México: Universidad de Guadalajara.

LERMA, A. (2005). *Mercadotecnia política y organización de campaña.* México, D.F.: Gasca Sicco, S.A. de C.V.

LOHR, S. (2000). *Muestreo: Diseño y Análisis.* México D. F. International Thomson Editores, S. A. de C.V.

LOPEZ, S. D. (2008). *Humor y poder "una afinidad comunicativa en el contexto social".* Revista de antropología iberoamericana, Vol 3, No 1. Pp. 64-94

LYTTLE, J. (2001). *The Effectiveness of humor in persuasion: the case of business ethics training.* York University. Pp. Xiii 239.

LYTTLE, J. (2001). The *effectiveness of humor in persuasion: the case of business ethics training.* Journal of general psychology.

MACHLUP, F. (1962). *The Production and Distribution of Knowledge in the United States,* USA.

MADDEN, T. J. & Weinberger, M. (1982). *The Effects of Humor on Attention in Magazine Advertising,* Journal of Advertising, 11 (3), Pp. 8-14.

MADDEN, T. J. & Weinberger, M. (1984), *Humor in Advertising: A Practitioner View.* Journal of Advertising Research, 24 (4), Pp. 23-29.

MADRIGAL, F. J. (2010). *Liderazgo con Humor, en* http://www.yoinfluyo.com/index.php?option=com content&task=view&id=23 051&Itemid=42

MANSELL, R. (1998). *Knowledge Societies: Information Technology for Sustainable Development,* USA: Stanford University Press.

MARTIN, R. A. (2008). *La Psicología del Humor: un enfoque integrador,* España: Orión Ediciones.

MAS, O. & Omario, B. (2009). *Música y Política en los Estados Unidos,* en Revista Ruta, No. 2, Revista Universitaria de Treballs Academics.

MASUDA, Y. (1981). *Information Society as Post Industrial Society,* USA: editorial World Future Society.

MAXWELL, J. (2009). *Las 21 leyes irrefutables del liderazgo,* España: RBA Nueva España.

MITCHELL, A. & Olson, J. (1981). *Are product attribute beliefs the only mediator of advertising effects on brand attitude?*. Journal of marketing research. Vol 18. Pp. 318-332.

MONTAÑEZ, F. & Nebrija, A. (2008). *Historia Iconográfica de la Música en la Publicidad.*

MORREAL, J. (2010). Comic vices and comic virtues. International journal of humor research. Volume 23, issue 1, Pp. 1-26

MUÑIZ, J. A. (1998). *La música en el sistema propagandístico Franquista* en Revista Historia y Comunicación social. No. 3. p. 343-363

NAPOLITAN, J. (1995). *El Juego de las elecciones y cómo ganarlo*, Biblioteca de política y elecciones, EDIPLA- EDITORES

NIETO, R. (2000). *Universidad de Sevilla.* Recuperado el 16 de mayo de 2010, en http://www.aloj.us.es/vmanzano/docencia/movsoc/resumen/nieto.pdf

Oppenheim, C. H. (2009). El verde es vida. *Arte y Comunicación Gráfica, VI* (61), 19.

ORTIZ, C. F. (1995) *La sociedad de la información* en LINARES Julio y Ortiz Chaparro, Francisco, *Autopistas inteligentes*. Fundesco, Madrid.

ORTÍZ, A. S. (1999). *e-espacio.uned.es.* Recuperado el 16 de mayo de 2010, de http://e-spacio.uned.es/fez/eserv.php?pid=bibliuned:ETFSerie4-AA14B8A5-0A6E-3D3E-67EA-2AA8980B06CF&dsID=PDF

POWELL, J. & Andersen, L. (1985). *Humour and teaching in higher education.* Studies in higher education. Vol 10. Pp. 79-89

PRIESS, F. (1998). The so called "Negative Campaings". Contrast helps the voter in QUINTANAR Díez Manuel. *La Eximente de Miedo Insuperable*, Madrid España: Edersa.

RAY & Batra, R. (1983). *Emotion and persuasion in advertising: what we do and don´t know about affect.* Advances in consumer research. Vol 10. Pp. 24-38

ROLLE, C. (2009). Del Cielito Lindo a Gana la Gente: Música Popular, Campañas Electorales y Uso Político de la Música Popular en Chile, Santiago.

SANDERS, D. (1997), *"Voting and the Electorate,"* en P. Dunleavy, A. Gamble, I. *Holiday y G. Peele, (eds)*. Developments in British Politics 5, Londres: Macmillan.

SARTORI, G. (1987). Political Theory Elements, Democracy. Madrid: Alianza Editorial.

SARTORI, G. (2003). *El Homo Videns: la Sociedad Teledirigida*, Madrid: Ediciones Taurus.

SCHEAFFER, R. & mendenhall, W. & ott, L.(1987). *Elementos de Muestreo*. México, D.F. Grupo editorial Iberoamérica, S.A. de C.V.

Schnauzer, M. (2009). El color y las emociones. Arte y Comunicación Gráfica *, VI* (61), 48-49.

SCHUMPETER, J. (1947). *Capitalism, Socialism and Democracy*. New York, Harper.

SERRANO, E. (2009). El color de la cultura. *Arte y Comunicación Gráfica , VI* (61), 42-44.

SOIBELMAN, D. (1948). Therapeutic and Industrial Uses of Music: New York; Columbia University Press.

SOIBELMAN, D. La música: Efectos Físicos, en http://www.scribd.com/doc/23189785/La-Musica-Efectos-Fisicos, fecha de consulta, 7 de enero del 2009.

STEHR, N. (1994). *Knowledge Societies,* USA: Stanford University Press.

TOQUEVILLE, A. (2005) Decimotercera impresión. Democracia en América, México: Fondo de Cultura Económica.

VALDEZ, Z. A. (2008). Reglas de Oro de la Estrategia Electoral, México: ACACIA, Audipol.

VALDEZ, Z. A. (2009). Campañas de Contraste en sistemas Democráticos, México: Prometeo Editores, ACACIA.

VALDEZ, Z. A. (2001). *La Política en la Era Punto.com: Del Proselitismo Tradicional a las Campañas Posmodernas*, Revista Este País: Tendencias y Opiniones

VIRILIO, P. (2005). *Ville Panique*, París, Francia: Editorial Galilée.

Wahl, P. (Junio de 1997). *Cicodi.org.* Recuperado el 18 de mayo de 2010, de http://www.cicodi.org/Publicaciones/CDocumentsandSettingsAdministradorMisdoc umentosonginizacindelapolticamundial-59836164578.pdf

WILSON, J. R. (1981). *La mente* (Segunda ed.). México: Time Life International de México.

WOLFGANG H. M. Stefani (1994). Endnotes: Music as Ecumenical Force" Journal of the Adventist Theological Society 5/1.

WOLFGANG, S. (1993). *El Concepto de Dios y el Estilo de la Música Sagrada.* Disertación Doctoral presentado en la Universidad Andrews en Octubre de 1993.

ANEXO

¿Qué Mueve a los Votantes?
Un Análisis de las Razones y Sinrazones del Comportamiento Político del Elector.

1. Introducción

De acuerdo a Wikipedia, el voto es el acto por el cual un individuo expresa apoyo o preferencia por cierta moción, propuesta, candidato, o selección de candidatos durante una votación, de forma secreta o pública. Es, por tanto, un método de toma de decisiones en el que un grupo, tal como una junta o un electorado, trata de medir su opinión conjunta, usualmente como el paso final que sigue a las discusiones o debates.[94] Es decir, el voto es la base de todo sistema político de estirpe democrático, en la que los electores deciden, en libertad, el carácter de la representación pública.

En las campañas electorales, el voto es el acto por medio del cual el ciudadano manifiesta una simpatía o antipatía, hacia un determinado partido o coalición de partidos, su programa electoral y sus candidatos. En este sentido, el voto representa la decisión suprema del elector, motivado por diferentes factores y motivaciones históricas y circunstanciales, que se manifiestan, concretan y depositan en la urna. El voto es un acto cargado de significados culturales, que refleja en su orientación costumbres, hábitos, preferencias, filias y fobias políticas. Es decir, el voto también es resultado de un proceso sociocultural y político. En este sentido, refleja al propio votante: su pasado, su presente y su futuro. Dónde se genera el voto ha sido una incógnita no resuelta definitivamente en la ciencia política, aunque hay hipótesis que plantean que el voto se genera en la conversación y que son varios y distintos los factores que inciden en la motivación y orientación del voto.

El saber qué es lo que mueve o motiva el comportamiento de los votantes en una coyuntura o contexto electoral es una interrogante que ha estado presente durante muchos años en las indagaciones no sólo de los estudiosos de la ciencia política, sino también de otras disciplinas científicas como la sociología, la antropología, la psicología y la mercadotecnia política; pero sobre todo, de los políticos y candidatos que durante los procesos electorales tratan de incidir o generar ciertos efectos en la conducta y comportamiento de los ciudadanos.

---

[94] Véase http://es.wikipedia.org/wiki/Voto_(elecciones), fecha de consulta, 29 de junio del 2010.

Dar respuesta a este cuestionamiento, resultó ser más importante y estratégico con el inicio y consolidación de los procesos de transición hacia la democracia, misma que se sustenta en la construcción de consensos sociales y mayorías electorales estables. Sistema político en la que el voto libre y secreto, determina, en gran medida, quién asume el gobierno, así como el carácter de la representación pública de las sociedades modernas.

Sin embargo, el interés por conocer qué es lo que mueve al votante y afecta su conducta o comportamiento electoral se remonta al año 53 antes de Cristo, cuando Quintus Cicerón escribió el libro intitulado Puntuario Electoral, documento en el que le proveía una serie de consejos y recomendaciones a su hermano, Marco Tulio Cicerón, para que ganara un espacio de representación pública en el Consulado Romano. Conocer a la gente, saber de sus problemas, necesidades, costumbres y sueños, era ya una de las principales recomendaciones que se les daba a la clase política para ganar y conservar el poder desde aquellos tiempos. Es decir, saber qué mueve o motiva a los votantes debe ser parte medular de la estrategia de quienes aspiraban a ganarse su apoyo.

En la época moderna, los primeros estudios sobre el comportamiento del elector se realizaron a mediados de los años cuarenta del siglo XX en los Estados Unidos de Norteamérica. Estos primeros trabajos de investigación sobre el tema fueron escritos por Paul Lazarsfeld en 1944 y Berelson en 1954.[95] Los trabajos buscaban identificar los factores de mayor influencia en la decisión del votante.

Para tratar de dar respuesta a esta sugerente pregunta, han surgido, desde hace ya algunas décadas, diferentes teorías, como la conductista,[96] la teoría racional o la teoría

---

[95] Esta teoría es conocida como la de la Universidad de Columbia, la cual postula que las campañas no son determinantes para el resultado final de los comicios, cumpliendo solamente un papel de reforzamiento de predisposiciones electorales generadas por una previa identidad partidista, social e ideológica (Lazarfeld, Berelson y Gaudet 1944, McCombs y Shaw, 1972, Butler y Kavanagh, 1997). En este sentido, las campañas electorales son importantes sólo porque activan y refuerzan predisposiciones latentes existentes entre los votantes, lo cual no resulta en la ganancia de nuevos adherentes, sino más bien, ayudan a la prevención de la pérdida de los votantes ya inclinados o anclados favorablemente, generando efectos mínimos sobre la conducta del elector (Heath et al, 1991).

[96] El término conductismo fue acuñado por John B. Watson en 1929, quien creó toda una corriente psicológica llamado conductismo, centrada en el estudio y la observación de la conducta y el comportamiento del ser humano. En la década de los cincuentas y sesentas, los principios del conductismo se aplicaron al campo educativo. Hoy día, estos principios se aplican en las más diversas áreas del conocimiento, como la gerencia, la política y las campañas electorales. El conductismo recibió diversas influencias de investigadores en las ciencias naturales, como los fisiólogos rusos Iván Pávlov y Vladimir M. Bekhterev, quienes estudiaron el condicionamiento animal, los reflejos condicionados, el aprendizaje asociativo y los reflejos musculares. De la misma forma, este enfoque retoma algunos principios del asociacionismo de la filosofía inglesa, del funcionalismo americano y de la teoría de la evolución de Charles Darwin, quienes consideraban que el individuo es un ser adoptable a su medio

cultural del voto, las cuales aportaron ciertos elementos explicativos y ofrecieron algunos argumentos sobre el comportamiento y conducta de los votantes.

El conductismo, por ejemplo, sostiene que a todo estímulo le sigue una respuesta, similar a la relación que existe entre causa y efecto, siendo la respuesta el resultado de la interacción entre el individuo que recibe el estimulo y el medio ambiente. [97] Es decir, el estimulo de origen ambientalista o externa explicaba las razones de la conducta y el comportamiento humano y no la herencia o los genes como lo señala la genética conductual.[98] Esta teoría se aplicó y evolucionó en el campo de la comunicación política hacia lo que se conoce como la teoría de los efectos.[99]

Por su parte, la teoría racional (*rational choice*)[100] considera al elector como un ser racional, por lo tanto sus actos son de carácter racional. En consecuencia, su

---

ambiente. Watson consideraba que la conducta humana se adquiere casi exclusivamente mediante el aprendizaje generado en un tiempo y espacio determinado, negando, en consecuencia, el papel de la herencia como determinante del comportamiento. Es decir, este psicólogo negaba que los genes fueran determinantes del comportamiento y la conducta, ya que consideraba que toda explicación de la conducta debe ser encontrada en términos del binomio estímulo- respuesta (E-R).

[97] En la década de los veintes, los psicólogos americanos consideraban que el aprendizaje y la modificación de la conducta eran el resultado del proceso generados por los estímulos y sus respectivos reflejos condicionados. En la década de los treinta del siglo XX, Skinner acuñó el término "condicionamiento operante" como parte de esta nueva corriente psicológica, para referirse a la conducta de los individuos condicionada por los estímulos y las consecuencias que estos generaban en los sujetos.

[98] La genética conductual indaga en las diferencias individuales de los comportamientos y sobre qué es lo que transmiten los padres a los hijos, qué es lo similar en la familia. Esta teoría apunta que el comportamiento político electoral del ciudadano también está predeterminado por factores de carácter genético, siendo los genes más que el medio ambiente, la cultura o las propias campañas electorales las que determinan la orientación el voto de los electores.

[99] La teoría de los efectos, impulsada por lo que se conoce como la Escuela de Sociología de Chicago en los años cuarentas, sostuvo que los medios de comunicación ejercen un fuerte poder sobre las ideas de las personas y, en lo particular, señala que durante los procesos electorales existe una influencia directa de la comunicación política en la conducta de los votantes,[99] de tal manera que el resultado de los comicios electorales es determinado o afectado por el tipo y carácter de la campaña (Mendelsohn y O´Keefe, 1976, Noélle-Neumann, 1983).[99] Es decir, en un sistema de cuño democrático, la comunicación política en las campañas electorales es determinante y define el carácter de la representación pública, de tal forma que las preferencias de los votantes se rigen por las circunstancias de cada elección (Patterson 1980; Iyengar, Peters y Kinder 1982; Page, Shapiro y Dempsey 1987, Bartels 1988 y Fan 1988). De esta manera, de acuerdo a esta concepción, las preferencias electorales de los votantes siempre pueden ser modificadas por las campañas y, en lo particular, por la comunicación política (Graber, 1980, Campbell *et al* 1992, Geer 1988, Norris *et al* 1999).

comportamiento político y la orientación del voto del elector es el resultado del cálculo racional en la que se hace un razonamiento de ventajas, desventajas, beneficios y riesgos que se corren al tomar una determinada decisión. Esta teoría parte de la idea que el elector evalúa las diferentes opciones políticas que se les presentan y decide racionalmente, tomando en cuenta sus prioridades e intereses que espera obtener al decidir por una determinada opción política. Es decir, considera que la gran mayoría de los electores razonan su voto en virtud de sus intereses y el cálculo que realizan, por lo que los votantes no pueden ser manipulados fácilmente.

A su vez, la teoría cultural enfatiza aspectos históricos, inerciales y tradicionales (por ejemplo, la tradición familiar), así como de hábito[101] del sufragio, la cultura política o la pertenencia a un determinado grupo social, cofradía o comunidad como elementos que predisponen, de cierta manera, el voto. Es decir, de acuerdo a este planteamiento teórico es el hábito de votación y los aspectos culturales que se van construyendo a través del tiempo, lo que realmente incide y determina la conducta y comportamiento político de los votantes.

Estas tres teorías (conductista, racional y cultural) acentúan sus argumentos en aspectos y factores diversos y sustancialmente diferentes que motivan al elector a participar en los procesos electorales y a orientar el voto hacia una determinada opción político partidista. Sin embargo, estas no son las únicas teorías que tratan de explicar el complejo fenómeno de la participación ciudadana en las elecciones y las razones de las motivaciones de los votantes, ya que hay otras formulaciones teóricas que tratan de explicar qué es lo que mueve a los votantes de acuerdo a una tipología del electorado. Comentaremos sobre este último en el siguiente apartado, para después abordar las razones y sinrazones de los votantes.

2. Tipología del electorado

---

[100] Esta teoría, también, se conoce como la teoría económica del voto, la cual sostiene que cuando la economía se debilita y se produce una crisis en un año electoral, eso casi seguro genera un debilitamiento del partido en el poder u muchas más posibilidades de que los opositores obtengan un mayor número de votos.

[101] El hábito (del Latín "habere": poseer) es la capacidad del sujeto de conservar y perfeccionar las modificaciones de comportamiento adquiridas. También es la disposición adquirida y perdurable para reproducir los mismos actos con facilidad y perfección crecientes. Por tanto, proviene de una experiencia del sujeto que se repite y perfecciona. El hábito se caracteriza por ser adquirido (no innato), durable ya que sin no persistiera no sería hábito, perfectible (el aprendizaje aumenta la **eficacia** de la conducta habitual) e individual ya que no es propio de la especie sino de una persona en particular.

Hay distintas formas de poder clasificar, agregar o identificar a los electores. Se puede generar, por ejemplo, tipologías tomando en cuenta si viven en zonas urbanas o ruarles. Se puede hacer, también, una agregación de votantes por sexo, nivel de estudios, ocupación y edad. Sin embargo, en las campañas electorales, la tipología más común se sustenta en la forma habitual como ha votado el elector.

Es decir, la clasificación que tradicionalmente se hace de los electores, toma en consideración la orientación de su voto y las simpatías o antipatías políticas que se han formado los ciudadanos a través de los años.[102] De esta forma, la segmentación habitual de mercados ha clasificado a los electores en cuatro categorías: El voto duro, el voto blando, el voto opositor y los indecisos.[103] El primero, se utiliza para describir a los electores que muestran gran identidad, lealtad e identificación con un determinado partido, de tal forma que siempre votarán por él independientemente de los candidatos que postulen o la circunstancia política que se viva en el momento.[104] Generalmente, quienes militan o simpatizan permanentemente con un partido político y mantienen ligas ideológicas fuertes son los que constituyen una parte importante de ese voto duro.

---

[102] Esta tipología sirve para identificar posibles áreas de oportunidad para los partidos y candidatos, así como para tomar decisiones que racionalizan el uso de sus recursos.

[103] En función de sus propiedades anatómicas y significado semiótico, los griegos les otorgaron distintos nombres y cualidades a los dedos: el dedo gordo o *pollex* representaba el poder y las decisiones; y el índice o *index*, la puerta hacia el conocimiento. El corazón era conocido como *impudicus*, ya que con él se ofendía; el anular fue llamado *medicus*, debido a la antigua creencia de que de él partía una vena hacia el corazón; y el meñique o *minimus* era también conocido por algunos como *auricularis*, pues servía para la higiene del oído. Tomando en cuenta esta clasificación, bien se podría hablar de una nueva tipología del ciudadano de acuerdo a los cinco dedos que posee. El pulgar que nos sirve para pedir un "aventón" y manifestar nuestra aprobación y satisfacción con algún hecho, representa el voto blando. Representa el poder de la asociación. El índice, dedo que levantamos para pedir la palabra y opinar, representa el voto indeciso. Es el poder de la voz y la imaginación. El anular representa, por ser el dedo donde se coloca el añillo de matrimonio, el voto duro, que se manifiesta por el compromiso irrenunciable con el partido y la lealtad hacia su ideología y su plataforma política. Representa el poder del compromiso. El meñique, que es el dedo con menor visibilidad y acción, representa el voto abstencionista. Representa el poder del silente, el silencioso. El dedo grosero, que también se le llama del corazón, representa el voto opositor. Representa el poder de la oposición, el voto de castigo o de ira entre los votantes.

[104] La estrategia proselitista que tradicionalmente se ha implementado para ganar el voto de este tipo de elector básicamente, se orientan en dos direcciones. Primero, hacer campañas orientadas exclusivamente a movilizar el voto duro y segundo, impulsar campañas orientadas a mantener esa lealtad, sin dedicar mayores esfuerzos y recursos, ya que es un voto seguro. Sin embargo, es importante decir que es muy difícil para un partido o coalición de partido ganar la elección exclusivamente apostándole a este tipo de votante y que cada día es más reducido el porcentaje de votos que caen bajo esta categoría.

Por su parte, el votante blando es aquel que tiene cierta afinidad e identidad con alguna sigla partidista, orientando su voto tradicionalmente por ese partido. Sin embargo, el sufragio no es completamente seguro, ya que evalúa la coyuntura del momento, el tipo de candidatos postulados, así como el carácter y naturaleza de su oferta electoral. Este sector de electores, puede decidir no acudir a las urnas el día de las elecciones o incluso, puede votar a favor de otro partido, ya que, como su nombre lo dice, el grado de identidad y simpatía política del elector con el partido es elástica. Este es un tipo de voto que se emite conforme a las circunstancias de cada elección.

El voto opositor, en cambio, es el voto duro de los otros partidos. Como su nombre lo señala, los electores manifiestan su oposición o rechazo hacia el partido y los candidatos que postula. Estos electores difícilmente depositarán su confianza y su voto en el partido que rechazan, por lo que la estrategia política que se recomienda consiste en no perder ni tiempo, ni recursos en ellos. Estos son los electores que nunca votarían por un determinado partido, así hayan postulado a buenos candidatos o su plataforma electoral sea la más pertinente.

Finalmente, el elector indeciso es aquel poco involucrado en la política, que no manifiesta identidad, simpatía o lealtad con ninguna fuerza partidista. Es un elector poco informado de los asuntos públicos y que, por igual, puede decidir votar por un partido u otro, o incluso, no votar.[105]

Si tratáramos de cuantificar el número de electores que se ubican en cada una de las anteriores categorías, seguramente, encontraríamos que el voto duró tiende a decrecer, mientras que el voto blando, indeciso y opositor tienden a aumentar significativamente. Este tipo de fenómenos, se presenta ante la crisis de legitimidad y credibilidad del sistema de partidos, así como producto de la crisis de la propia política y la evolución y "madurez" de los mismos ciudadanos. De hecho, el voto en sociedades en cambio, muestra una alta volatilidad en sus lealtades político-electorales y una mayor tendencia hacia la personalización de la política.

Los partidos políticos y los candidatos, tradicionalmente, orientan sus esfuerzos en la persuasión de los votantes blandos e indecisos, ya que en el sector de votos duros o de votos opositores, la posibilidad de cambio en las lealtades electorales es baja.

3. Las razones y sinrazones del voto.

---

[105] Las estrategias de campaña que se sugieren para llegar a este tipo de electores, se orientan a tratar de convencer a este sector de votantes mediante una adecuada estrategia de diferenciación con respecto de la competencia, ofreciendo beneficios y propuestas realistas, creíbles y alcanzables, tratando de motivarlos, dándoles suficientes y poderosas razones para que los electores depositen su confianza y su sufragio a favor del partido y sus candidatos.

El acto de votar sintetiza y refleja las lealtades político-electorales, los sueños y esperanzas de la gente, así como los temores y, de cierta manera también, los rencores sociales, sus filias y sus fobias. En el acto de votar, el elector no sólo se enfrenta y se reencuentra con la urna, sino también con sus problemas, sus necesidades, sus emociones, sus deseos, sus pasiones, sus expectativas y sus sentimientos. Es decir, el elector es él y sus circunstancias, en la que múltiples factores inciden en su comportamiento y definen la orientación de su voto. A continuación, se describen las principales teorías que tratan también de explicar el comportamiento y la motivación de los votantes y se plantean algunos lineamentos estratégicos de cómo movilizar este tipo de electores.

a. Voto racional

La teoría racional del voto, también conocida como el voto correcto (Lau y Redlawsk y Niemi y Weisberg, 2001), sostiene que las campañas electorales funcionan como agentes de información, en la que el ciudadano decide de manera libre, individual y racional, la orientación de su voto, de acuerdo a los intereses que están en juego en la elección, a la información que recogen los ciudadanos de las campañas y al cálculo que hacen sobre beneficios, ventajas y desventajas que obtendrían con la orientación de su voto.

Esta teoría, que algunos llaman también la teoría económica del voto (Downs, 1975), apunta que las utilidades esperadas por los votantes de los resultantes de su acción política generan preferencias sobre los diversos cursos de acción. En consecuencia, los electores prefieren los candidatos y partidos que le generan una real o perceptivamente mayor utilidad (Kreps, 1990). El ciudadano reconoce su propio beneficio, evalúa a todos los candidatos y partidos, según sus intereses personales y vota por el que mejor valora (Enelow y Hinich, 1984). En este sentido, las campañas no generan efectos persuasivos mayores, ya que el resultado electoral puede predecirse en función de unos pocos indicadores económicos (Sanders, 1997).

En todo caso, esta teoría sostiene que sí es posible, en muchos casos, persuadir al electoral, convencerlo de que para proteger sus intereses, valores, propiedades, logros e, incluso, asegurar su futuro se debe votar por una determinada alternativa política. Es decir, los ciudadanos deben votar por las propuestas, principalmente de carácter económico, que impulsan los candidatos y partidos contendientes de acuerdo a la utilidad y beneficio que puedan obtener los electores.

En suma, la teoría racional sostiene que el voto es un acto racional, que los electores votan de acuerdo a las propuestas y plataformas programáticas que impulsan los candidatos y sus partidos y que finalmente gana la elección, quien ofreció al votante el mejor programa de gobierno.

El planteamiento estratégico para movilizar este tipo de voto, consiste en hacer diagnósticos adecuados sobre los principales problemas, necesidades, expectativas, sueños y esperanzas que tienen la mayoría de los votantes, en el contexto y circunstancia en la que se realiza la elección. Después, a partir de esta información, construir una plataforma electoral consensuada y afín a los intereses de la mayoría de los ciudadanos y, finalmente, acuñar y comunicar, oportuna y exitosamente, un mensaje o propuesta a través de diferentes medios para lograr persuadir y movilizar a los electores.

b. Voto inercial

El voto cultural es, de cierta manera, un voto inercial o de costumbre, que se forma en una perspectiva de mediano o largo plazo, ya sea con la participación del elector en pasados comicios, formándose una continuidad histórica favorable a un determinado partido o formación partidista (Gerber, et al, 2003). Es decir, al ser el hombre un "animal de hábitos," se va formando una costumbre o predisposición política a través de los años, de tal forma que si su primer voto fue a favor de una determinada opción político-partidista, en sucesivas elecciones, se verá motivado a seguir apoyando a los candidatos de ese mismo partido.[106] Este tipo de voto, también, se le ha llamada voto duro, como se apuntó en el apartado anterior.

Este tipo de voto, se denomina inercial porque el elector tiende a votar por inercia, de acuerdo a la forma como tradicionalmente ha votado en el pasado. Para ejemplificar el caso de México, por muchos años se habló del "voto verde," como voto inercial, para referirse al voto de los indígenas y campesinos que mayoritariamente votaban por los candidatos del Partido Revolucionario Institucional (PRI), muchos de ellos movidos principalmente por la costumbre o la tradición.

El planteamiento estratégico y la apuesta principal de los partidos y sus candidatos para generar este tipo de voto, consisten en realizar acciones proselitistas y de persuasión político-ideológicas principalmente con los jóvenes, con aquellos electores que por primera vez están facultados para emitir su sufragio y poder elegir a los representantes populares. Ahora bien, para movilizar el voto inercial es recomendable hacer también actos proselitistas durante las

---

[106] Aquí es importante anotar que ciertamente la repetición nos da certidumbre, pero también es una fuente de hastío. La zona de confort provee certezas, pero llega a hartar y siempre hay en el ser humano ciertas resistencias al cambio. Sin embargo, también hay un adagio popular que señala "más vale malo por conocido, que bueno por conocer."

campañas e impulsar ciertas actividades de gestión de forma permanente para reforzar la identidad político partidista con este tipo de votantes.

c. Voto personalizado o por el candidato.

Actualmente, en las democracias emergentes se vive una fuerte tendencia hacia la personalización de la política, en la que el electorado decide votar tomando en consideración quién es el candidato que se postula, más que el partido o la plataforma electoral que se propone. Es decir, la imagen, carisma, arraigo, liderazgo, historia personal y las competencias de los candidatos que son postulados para un cargo de elección popular son factores determinantes para definir el resultado de una elección.[107]

Al respecto, Bianco (1998), Wattenberg (1991), King (2001), Rico (2002) y Brettschneider y Gabriel (2002) señalan que la personalización de la política y el efecto del liderazgo de los candidatos son factores significativos para el resultado de las elecciones, generando, por lo tanto, un efecto persuasivo en la conducta y comportamiento de los electores, principalmente bajo regímenes presidenciales y en democracias emergentes.

El planteamiento estratégico para movilizar este tipo de voto consiste en postular candidatos carismáticos, que entretengan y "caigan bien" a los electores, sean simpáticos, atractivos y, sobre todo, tengan una excelente imagen e historial de liderazgo y logros, arraigo e identidad con sus electores, amen de ser poco o nada vulnerables a los ataques de los adversarios y que sean competentes para gestionar el afecto y la simpatía de los votantes. Es decir, si la personalización de la política es clave en los resultados electorales lo indicado es postular candidatos que aseguren una alta rentabilidad electoral.

d. Voto de ira

El voto de ira es aquel que se genera motivado por el hartazgo, el descontento, la inconformidad, el malestar y la irritación social en contra de algunos de los partidos

---

[107] De acuerdo con Stephens G. Post, los humanos están hechos para sentir y actuar movidos por la empatía (Why good things happen to good people, 2008).

contendientes o sus candidatos y/o sus plataformas político- ideológicas. Es el voto de protesta, también llamado voto negativo.

Michael Gant y Dwight Davis (1984) definen el sufragio negativo cuando un elector decide la orientación de su voto motivado no por la simpatía hacia alguien o algo (candidato, partido o plataforma electoral) sino por su antipatía. Es en este sentido, es un voto "en contra" y no "por." Estos autores apuntan que, muchas veces, es más fácil que los ciudadanos se movilicen más, en términos electorales, en contra de que a favor de. En este mismo sentido, Joseph Napolitan (1997), uno de los mejores consultores del orbe, señalaba "Es más fácil conseguir que la gente vote en contra de alguien o algo, que lo haga a favor de algo o de alguien." [108]

Analizando el caso de las elecciones presidenciales en el 2000 y 2006 en México, Juan Luis Hernández Avendaño (2009) señala que "votar contra y no por podría ser una de las principales características de las democracias emergentes.[109] Al respecto, René Delgado señala que "los comicios electorales no son oportunidades para elegir políticas, sino ocasión para castigar agravios."[110]

El planteamiento estratégico para movilizar el voto de ira es muy sencillo. Parte de la idea de preguntarse respecto de sus opositores o de la circunstancia en la que se vive, ¿qué es lo que les enfada, les molesta, les irrita y les genera descontento o inconformidad a los electores? A partir de la respuesta que se obtenga, se siguiere definir la estrategia de campaña, tratando de movilizar el descontento social a la urna, para convertirlo en votos y de esta forma ganar las elecciones.

e. Voto por consigna o voto corporativo

El voto por consigna conocido también como voto corporativo, en la que las elites o los líderes de las corporaciones, sindicatos u organizaciones sociales y políticas juegan

---

[108] Sobre las elecciones locales realizadas en 14 entidades de la república mexicana el 4 de julio del 2010, el ex gobernador panista Ernesto Ruffo Apple comentó que "La victoria del PAN en Oaxaca, Puebla y Sinaloa no es una alegría de la que deben ufanarse, ya que el electorado votó en contra del PRI más que a favor del blanquiazul ." (Carole Simonnet, Reviran dichos de Ruffo Consejeros de Albiazul, periódico Mural, sección Nacional, 10 de julio del 2010, p. 4.).

[109] De acuerdo a Hernández Avendaño (2009) Votar contra y no por alguien es la particularidad del voto negativo.
[110] René Delgado, ¿Democracia sin demócratas? Periódico Mural, Guadalajara, Jalisco, México, 10 de julio del 2010, Sección Nacional, p. 6.

un papel muy importante en determinar la participación política de los ciudadanos agremiados y la orientación de su voto (Cox y Munger 1989, Aldrich 1993 y Perez-Liñan, 2001).

Esta teoría parte del hecho de que muchos de los ciudadanos participan en diferentes organizaciones sociales, instituciones o corporaciones, quienes reciben la consigna de parte de los líderes de esas corporaciones sobre a qué candidato o partido apoyar y cómo se debe votar. De esta manera, son los líderes sociales, comunitarios, de opinión o de corporación los que inciden en la determinación del voto de los ciudadanos. A estos ciudadanos, muchas veces, no les importa, por ejemplo, por quién votar, pero si quiere complacer, "quedar bien," evitar alguna sanción o posible represalia por parte de sus dirigentes organizacionales o autoridades superiores, votando de acuerdo con la consigna que estos líderes les han emitido.

El planteamiento estratégico para movilizar este tipo de votantes es reclutar para la causa política de los partidos y candidatos a líderes sociales, políticos y de opinión, quienes ejercen una mayor influencia entre los votantes al orientar su voto. En este sentido, la apuesta política de los partidos en las campañas es trabajar cercanamente con los liderazgos y dejar que ellos movilicen a sus bases para ganar la elección. Es decir, impulsar campañas que estén dirigidas a persuadir y activar a los líderes y no sólo a los electores.

f. Voto de hambre

Este tipo de voto, se genera por las severas carencias económicas en las que viven muchos de los electores, cuya principal preocupación no es el tipo de gobierno que tienen o de político que es electo, sino que su objetivo principal es la sobrevivencia económica. Este tipo de ciudadanos ve en las campañas electorales la oportunidad para obtener un beneficio inmediato, como puede ser una despensa, material para construcción, algún objeto utilitario o, incluso, algún ingreso económico directo. Este tipo de voto, también, se le denomina utilitario, ya que la gente busca obtener una utilidad inmediata por su sufragio, incluyendo, la posibilidad de vender su voto al mejor postor y de esta forma, obtener una despensa, una torta, algunos refrescos o una borrachera puede ser motivo suficiente para que los votantes puedan otorgar su voto hacia un candidato o partido en particular. En este sentido, un adagio popular señala que "la política es el arte de obtener el dinero de los ricos y el voto de los pobres con el pretexto de proteger a los unos de los otros.

Durante las campañas, los candidatos y partidos contendientes no sólo retoman el problema de la pobreza y marginación como tema central de su proselitismo, sino que también utilizan los programas sociales con fines electorales, reparten despensas alimenticias, materiales de construcción, aparatos electrodomésticos y diferentes objetos utilitarios como playeras, bolsos, pelotas y gorras entre los electores con el fin de conseguir su voto.

El planteamiento estratégico para movilizar este tipo de voto se centra en utilizar el hambre y las necesidades de muchos electores para ganar su voto. Por ello, se "regalan" productos alimenticios y una variedad de objetos y materiales con el fin de "comprar", la voluntad de los ciudadanos. Este tipo de estrategia, se apoya en el principio persuasivo de reciprocidad que señala que si alguien recibe algo, moralmente se siente obligado a dar algo a cambio. En el caso de los programas sociales de apoyo a sectores empobrecidos, generalmente los partidos gobernantes los utilizan como estrategia electoral, señalando, por diferentes vías, que lo que se tiene es porque el partido y su gobierno lo ha conseguido e instituido, pero de perder la elección estos apoyos se pueden terminar.

g. Voto del miedo

El voto del miedo es el actor de sufragar por parte del elector, compelido o motivado por una serie de temores, amenazas, intimidaciones e incertidumbres sobre el presente y el futuro de una determinada colectividad. Este tipo de voto, se genera por inducción, principalmente por los partidos y candidatos que buscan ganar o conservar una posición de poder político, creando a través de diferentes estrategias de comunicación política, una seria de dudas sobre posibles escenarios futuros adversos y dañinos para la sociedad en el caso de que sus opositores ganen las elecciones. Las campañas centradas en este tipo de estrategias, buscan principalmente generar temor, cuestionar certezas, generar sospecha y producir dudas respecto de los adversarios (Valdez, 2009).

El crear miedo es una estrategia añeja de los políticos, la cual, hoy día, es utilizada por diferentes partidos y candidatos durante los procesos electorales, debido a la vulnerabilidad emocional del ser humano y a los efectos que el miedo genera en su conducta. De hecho, se puede asegurar que las actuales campañas electorales en el mundo se articulan, de una u otra forma, con base en la generación e institucionalización del miedo. Por un lado, miedo a que las cosas empeoren y se pierda lo que se tiene o ha logrado, o que se amenace el sistemas de creencias y valores predominante. Por el otro, como garantía de seguridad pública, militar, económica, jurídica o social y salvaguarda ante las amenazas y peligros, reales o imaginarios, existentes. [111]

En una sociedad democrática, ganará el poder el individuo o grupo de individuos que mejor gestione, aproveche y articule o desarticule, según sea el caso, las estrategias del miedo. Aquellos más capaces de movilizar las emociones de la gente y que hagan que los votantes teman, rechacen y luchen contra sus adversarios, haciéndolos creer que son sus propios adversarios. Los que convenzan o aparenten, también, de cara a la sociedad, ser más aptos para combatir la inseguridad pública y dotar de garantías de estabilidad, bienestar y desarrollo futuro a los electores.[112]

El dilema que generalmente se les plantea a los votantes, durante una campaña sustentada en el miedo, es que "de llegar los adversarios al poder se perderá o pondrán en riesgo la estabilidad, la paz, el progreso, el bienestar, el futuro, la seguridad, los valores y los logros alcanzados por los ciudadanos, por lo que se les convoca a sufragar para evitar el riesgo o para detener la posible calamidad que vendrá en el futuro y que lo representan sus opositores. Se argumenta además que "Un triunfo de la oposición llevará a la nación al caos, el desastre y a una crisis por su inexperiencia para gobernar."

El lineamiento estratégico para movilizar este tipo de votos consiste, por un lado, en hacer un análisis profundo de la psicología del elector, saber con precisión de sus temores, fobias, miedos, recelos, desconfianzas, dudas y ansiedades. Por el otro, utilizar esta información para articular una campaña de comunicación inteligente que movilice el miedo de los votantes hacia la urna y la convierta en votos y triunfos electorales, ya que el miedo es una de las emociones primarias del ser humano y puede ser un factor determinante en la conducta y comportamiento del elector.

h. El voto contextual

Este tipo de voto, se crea gracias a la influencia que genera el contexto en el que se desarrolla la elección. Es decir, si hay una tendencia nacional donde lo más normal es que se generen procesos de alternancia democrática a nivel local en un determinado país, entonces será muy seguro los opositores puedan ganar elecciones locales donde no habían ganado, uniéndose, de esta manera, a esa tendencia nacional.

---

[111] El objetivo central de estas campañas de miedo fue que los electores vieran y asumieran que los adversarios de ciertos partidos y candidatos, también eran sus adversarios, quienes los amenazaban y les pueden hacer algún daño o mal.

[112] Los electores sujetos a una campaña de miedo son capaces de renunciar hasta sus más elementales derechos y renunciar inclusive a su libertad con el fin último de conservar su actual situación. Esto los convierte en conservadores y sumisos.

De cierta manera, con esta visión se busca que "no sólo se vea al árbol, sino también al bosque," ya que el contexto en el que se desarrolla la elección tanto local, nacional e internacional puede también tener un efecto en la conducta y el comportamiento del electorado. Por ejemplo, si hay una nueva tendencia de triunfos de la izquierda partidista en América latina, hay más probabilidades de que países gobernados por partidos la derecha pierdan elecciones y sean los partidos de izquierda quienes los ganen. Es decir, el contexto también predefine un resultado e influye en el comportamiento del electorado.

El planteamiento estratégico para movilizar este tipo de votos consiste en realizar campañas que no sólo aborden aspectos de carácter local o nacional, sino que se apele a los cambios y transformaciones que se están generando por los nuevos gobiernos en el orbe, a los beneficios que estos cambios han producido para la población y, sobre todo, se publiciten los logros y sueños que han podido materializar los electores que se han unido a las nuevas tendencias existentes.

i. El voto circunstancial

Este tipo de voto es muy parecido al voto contextual. En este caso, la coyuntura o circunstancia en la que se realiza la elección, influye en el comportamiento del electorado. Por ejemplo, esta teoría sostiene que si los comicios electorales de un determinado país se realizan en un contexto de crisis económica o de crisis de seguridad pública, lo esperado sería que el partido en el gobierno pierda un buen número o porcentaje de votos, mientras que la oposición aumente su caudal de votación. Por el contrario, si las elecciones se organizan bajo una coyuntura de bonanza económica y aumento del bienestar social, lo esperado es que el partido gobernante siga contando con el visto bueno y los votos de la mayoría de los electores. Bajo esta circunstancia, es de esperar que los opositores obtengan menos votos.

De igual manera, si las elecciones se organizan en un determinado periodo y durante este lapso se presentan una serie de escándalos, contingencias, hechos trágicos o acontecimientos que perturban y alteran al votante, estos acontecimientos pueden incidir determinantemente en su comportamiento político y en la orientación de su voto, generando, por ejemplo, votos de castigo hacia los partidos gobernantes y sus candidatos. Al contrario, si los acontecimientos que se presentan en un contexto electoral no son de "nota roja" sino noticias positivas y logros importantes para la sociedad en su conjunto, los partidos gobernantes pueden ganar ventaja de esta situación en detrimento de sus opositores.

El lineamiento estratégico para movilizar este tipo de votante consiste en saber aprovechar astutamente la circunstancia presente en el momento electoral, a pesar de esta circunstancia les pueda ser desfavorable. Si se es gobierno, por ejemplo, es recomendable publicitar, como parte de las estrategias proselitistas, los logros, la bonanza económica y la paz social que se vive. Si se es oposición, tratar de canalizar el descontento social a las urnas generado, por ejemplo, por los escándalos, las crisis económicas o los desastres, para convertirlo en votos electorales. Si se es gobierno y las elecciones se realizan bajo una coyuntura de crisis económica o de escándalos, tratar de utilizar estos escándalos y crisis para lograr un beneficio político electoral, impulsando incluso campañas como si se fuera de oposición.

Al respecto, se pueden señalar diferentes ejemplos, en las que la circunstancia presente en el momento electoral ayudaron a ganar elecciones o a perderlas. Tales fueron los casos del incendio de la Guardería ABC en Hermosillo Sonora sucedido en junio del 2009, un mes antes de celebrada la elección para gobernador, presidentes municipales y diputados locales. Este hecho trágico, aunada a la mala gestión de la crisis por parte del gobierno en turno, generó los votos de protesta necesarios para que, por primera vez en ochenta años, la oposición (Partido Acción Nacional) ganara las elecciones. Otros caso fue los bombazos en el sistema de trenes suburbanos en España, perpetrados por un grupo de terroristas a sólo seis días de las elecciones presidenciales del 2004. Por los mismos hechos trágicos y por una mala gestión por parte del presidente José María Aznar de esta crisis, finalmente al candidato opositor, José Luis Zapatero, postulado por el Partido Socialista Obrero Español (PSOE), ganó las elecciones.

j. El voto ganador

Este tipo de voto también es conocido en la ciencia política como el efecto bandwagon[113] o efecto de arrastre. Este tipo de voto u efecto, se genera cuando los electores votan por aquellos candidatos o partidos que es probable que resulten ganadores (o que son proclamados como tales por los medios de comunicación y las encuestas sobre preferencias electorales), esperando estar en el 'lado ganador' al final.

---

[113] El término bandwagon es un anglicismo que significa un carro que lleva una banda en un desfile, circo u otro espectáculo.[2] La frase "Salta en el bandwagon" fue usada por primera vez en la política Americana allá en 1848 por causa de Dan Rice, bufón personal de Abraham Lincoln.[3] Dan Rice, un payaso profesional de circo, usó su bandwagon para las apariciones de la campaña de Zachary Tailor para ganar atención al usar música. Conforme la campaña de Taylor se hizo más exitosa, más políticos se esforzaron por conseguir un asiento en el bandwagon, en espera de asociarse con el éxito. Más tarde, en 1900, durante la época de la campaña presidencial de William Jennings Bryan, los bandwagons se habían convertido en el estandar en las campañas,[4] y 'subirse al carro' fue usado como un término desviado que implicaba que la gente se asociaba a sí misma con el éxito sin considerar lo que asociaban a sí mismos con él. (http://es.wikipedia.org/wiki/Efecto_Bandwagon).

Esta teoría considera que la mayoría de los ciudadanos no están interesados en la política, no perciben un beneficio de la política y, generalmente, se encuentran muy alejados de los procesos político-electorales. Sin embargo, durante las elecciones estos ciudadanos, cuando deciden participar y votar, lo hacen básicamente tomando en cuenta la información sobre el posicionamiento de los candidatos y partidos que les proporcionan, principalmente, los medios de comunicación y las encuestas sobre preferencias electorales, decidiendo su voto a favor de quien lleva la delantera o tiene más posibilidades de ganar. Es decir, el voto ganador es aquel que se obtiene por el simple hecho de que algún partido o candidato lleve la delantera en las preferencias electorales de los votantes. De esta forma, el ciudadano determinará orientar su voto favoreciendo al posible ganador, ya que no quiere verse el mismo, y menos socialmente, como perdedor.[114]

Esta asunción se basa en la teoría psicológica del comportamiento conductual que establece que las personas hacen o creen ciertas cosas porque ven que otras personas las hacen o las creen. Al respecto, Sigmund Frued (1988) apunta que el individuo tiende a seguir a hombres y mujeres exitosas, ya que nadie sigue a un fracasado y que la gente tiene a estar con las mayorías.

El planteamiento estratégico para movilizar este tipo de voto, consiste en presentar a los abanderados de los partidos como el candidato de las mayorías y como individuos o personajes exitosos, ya sea en la política, la empresa, la profesión y en la misma vida. El publicitar encuestas favorables que muestren una clara y contundente ventaja de los candidatos, ayuda también a moldear las percepciones de la opinión pública y generar un efecto positivo en la conducta de los votantes a favor del líder.

k. El voto plebiscitario

Este tipo de voto, también es conocido como voto retrospectivo o voto de resultados, el cual se define en razón a la evaluación que hacen los votantes respecto de las actuaciones de los partidos que están tanto en el gobierno, como en la oposición.[115] Es decir, los electores evalúan el desempeño de los partidos y sus gobernantes (y dirigentes) y en razón de esta evaluación, deciden orientar su voto.[116] De tal forma,

---

[114] De acuerdo a este planteamiento, la gente modifica sus opiniones de acuerdo al punto de vista de la mayoría (McAllister and Studlar 1991).

[115] El voto plebiscitario no solo evalúa a los partidos gobernantes sino también a los que están en la oposición. Si los ciudadanos consideran que los opositores han tenido un desempeño adecuado, sus planteamientos y acciones han sido responsables y acordes a lo que la circunstancia y el interés público demanda, entonces también evaluarán su desempeño. En este sentido, el voto también se convierte en un plebiscito en el que también se evalúa a los partidos opositores.

que ante la presencia de un buen gobierno, los electores tenderán a votar por el partido o coalición gobernante. Por el contrario, la percepción de un mal gobierno impulsará a muchos electores a votar por la oposición. En este sentido, el voto se convierte en un plebiscito en la que los ciudadanos evalúan el desempeño de los partidos, principalmente del partido en el gobierno, y en razón de esta evaluación, deciden la orientación de su voto.

El planteamiento estratégico, en consecuencia, para los partidos en el gobierno consiste no sólo en generar buenos gobiernos, sino también en saber comunicar los logros y resultados de su gestión. Por el contrario, el planteamiento estratégico para los partidos en la oposición consiste en mostrar y demostrar a los electores que se tiene un mal gobierno y en consecuencia, para mejorar, se requiere un cambio del partido en el gobierno.

l. El voto de plástico

El voto de plástico es aquel sufragio generado por la naturaleza moldeable e influenciable del ser humano, quien, muchas veces, no sabe lo que quiere, pero esta expuesto a diferentes estímulos comunicacionales que influyen o moldean en uno u otro sentido su comportamiento. Es decir, este tipo de voto es moldeable, flexible y elástico, el cual depende principalmente de la "información" que proporcionan los medios de comunicación y que inciden en la formación de la opinión pública.[117] La gran mayoría de los electores se informa de la política y, particularmente, de las campañas electorales, a través de los medios de comunicación. Durante los procesos electorales, lo que transmiten estos medios, a través de sus diferentes programas y comunicaciones, generan un efecto o impacto importante en las preferencias de los votantes y, por lo tanto, en las campañas, ya que los medios determinan, en gran medida, el resultado electoral.

De esta forma, los medios de comunicación hacen o destruyen candidaturas y ayudan determinantemente en la construcción de la victoria electoral. Es decir, los grandes electores no son necesariamente los ciudadanos, sino los poderosos medios de comunicación. Ellos también juegan en la política y tienen intereses y apuestas en las campañas electorales.

---

[116] Este fenómeno se debe, en gran medida, a la existencia de electores y partidos más pragmáticos, así como a la estandarización y homogeneización de las ideologías partidistas o a lo que se ha denominado el fin de las ideologías.

[117] Esta teoría considera que el elector es un gran público indeciso que forma y moldea su decisión electoral de acuerdo a la información a la que esta expuesto, principalmente la que le llega a través de los medios de comunicación. Los mensajes y campañas mediáticas de los candidatos, partidos o grupos de interés influyen decididamente en la decisión del lector.

El planteamiento estratégico para movilizar este tipo de voto consiste en hacer coincidir antes, durante y después de las campañas electorales una agenda programática y el interés del medio de comunicación con la agenda y el interés del partido y sus candidatos, tratando de llevar una relación de armonía, mutuo beneficio y, sobre todo, amistad con los representantes de los medios de comunicación. Es decir, evitar estar confrontados con los medios de comunicación y buscar un acercamiento con este "cuarto poder," de tal forma que los medios se conviertan en aliados y no en adversarios de los propios candidatos.

En los casos donde existen grandes monopolios de los medios de comunicación, cuando estos actúan como verdaderos poderes fácticos, cuando no están abiertos a la pluralidad propio de los sistemas democráticos y cuando no hay coincidencias entre los intereses de los medios y los partidos, lo recomendable es utilizar medios de comunicación alternativos (usando, por ejemplo, las nuevas tecnologías de la información y las comunicaciones), el contacto directo con los ciudadanos y, sobre todo, el convocar a la sociedad y a los propios medios de que se respete y se haga valer el principio constitucional de equidad en las contiendas electorales.

m. El voto anulado y voto nulo.

El voto nulo es aquel sufragio que no tiene valides en los conteos electorales, debido a que no reúne las cualidades y especificaciones que la ley electoral establece para que sea valido. Este tipo de sufragio puede generarse, principalmente, por equivocación o error en del ciudadano en la forma de votar. De acuerdo al Código Federal de Instituciones y Procedimientos Electorales (COFIPE) de México, el voto nulo es "aquel expresado por un elector en una boleta que depositó en la urna, pero que no marcó un solo cuadro en el que se contenga el emblema de un partido político, el de una coalición o el de los emblemas de los partidos coaligados". Es decir, marco varios cuadros o, incluso ninguno dejándolo en blanco. El COFIPE también señala que un sufragio será válido "por la marca que haga el elector en un solo cuadro en el que se contenga el emblema de un partido político, el de una coalición o el de los emblemas de los partidos coaligados". Los votos que no se hagan de este modo serán nulos, y los votos emitidos a favor de candidatos no registrados se asentarán en el acta por separado.

Por su parte, el voto anulado, que también no tiene valides en los conteos electorales para fines de definir un ganador de las contiendas, se genera no porque haya errores o equivocaciones por parte del elector, sino porque consciente e intencionalmente el ciudadano decide anular su voto como una forma de protesta social con el sistema político y/o de partidos políticos prevaleciente.

En este sentido, el voto anulado es una crítica a la ausencia de opciones para una gran parte de los electores, que representa una especie de insurrección cívica. Más que un acto pasivo, el voto anulado es una acción de protesta y rebeldía ante la situación política prevaleciente.

Generalmente, se cree que el voto nulo y anulado no es importante para definir los resultados de las contiendas electorales. Sin embargo, bajo escenarios de comicios muy cerrados o competidos el porcentaje de votos anulados y/o nulos puede ser determinante para ganar o perder una elección. Es decir, su hoy día las elecciones se están definiendo con una diferencia porcentual mínima de uno o menos del uno por ciento, como paso en México en la elección presidencial del 2006, entonces si un tres o cinco por ciento de los votos se anulan, ese porcentaje pudo haber definido quien gana la elección.

El planteamiento estratégico para sacar un beneficio electoral de este tipo de voto consiste en analizar seriamente las ventajas y desventajas que se obtendrían con un mayor o un menor número de votos nulos y anulados. Si se considera que los posibles votos anulados y/o nulos pudieran beneficiar a la propia causa partidista, ya que de otra forma, pudieran ser votos de protesta en contra del partido y sus candidatos, entonces es conveniente que el porcentaje de este tipo de votos aumente. En este sentido, hay que estimular los movimientos sociales que impulsan la anulación del voto. Por el contrario, si hubiera una gran posibilidad que este tipo de votos de protesta o rebeldía social se canalizara a favor de tu causa partidista y de tus candidatos postulados, entonces lo recomendables es tratar de evitar que el número de votos nulos y anulados aumente. Es decir, todo es cuestión de estrategia; si te benefician impulsa el movimiento social para anular los votos. Si por lo contrario, te perjudican, trata de evitar que este tipo de movimientos tenga éxito.

n. El voto útil

Se ha dado en llamar voto útil o estratégico al sufragio de los ciudadanos otorgado en función de las expectativas de éxito o fracaso de los distintos candidatos que se disputan un espacio de representación pública, siendo el beneficiado, comúnmente, el partido o candidato de su segunda preferencia. Es decir, el voto útil se genera cuando el elector convierte a su segunda preferencia en la primera opción preferencial para evitar que un tercero, con el que discrepa y/o considera riesgoso, pueda ganar la elección.

Este tipo de sufragios se presenta en sistemas multipartidistas, en sistemas electorales que contemplan la "segunda vuelta" y bajo escenarios de alta polarización electoral, donde participan tres o más partidos, dos de los cuales se disputan la preferencia de la mayoría de los votantes. Este tipo de voto es un sufragio pragmático, que busca evitar que el candidato o partido que considera su más férreo opositor no gane las elecciones. De acuerdo a Ignacio Lago Peñas (2005), "un votante se comporta estratégica, táctica, útil o sofisticadamente cuando la ponderación de sus creencias sobre las posibilidades electorales de los distintos competidores le lleva a votar a un partido o candidato que no es su primera preferencia."

El voto útil ha sido criticado por desatender las cuestiones ideológicas y doctrinales, ya que el pragmatismo se impone como tendencia en la definición del voto de los ciudadanos. El voto útil no necesariamente ayuda a construir buenos gobiernos, pero si ha sido muy efectivo para deshacerse de malos gobiernos. En América latina, no obstante las criticas a este tipo de sufragio, el voto útil ha posibilitado deshacerse de gobiernos como el de Pinochet en Chile o el del PRI mexicano en las épocas pasadas. En este sentido, la bondad de este tipo de sufragio es que ha posibilitado la alternancia y el cambio de regímenes políticos.

El planteamiento estratégico para movilizar este tipo de voto consiste en apelar y tratar de persuadir, por todos los medios posibles, a los electores que están dispuestos a votar por partidos y candidatos que de ninguna forma puedan ganar las elecciones a que no "desperdicien su voto," sino que le den utilidad apoyando a otra opción, que se entiende que no es la de su preferencia, pero es la "menos mala," para, de esa forma, evitar el riego que la opción no deseable pueda ganar las votaciones.

    o. El voto ideológico

Este tipo de sufragio, se genera a partir del adoctrinamiento y simpatía ideológica del elector con el partido o el candidato que representa una determinada ideologías política. Es decir, la motivación del elector se forma a través del adoctrinamiento y la exposición permanente a una determinada ideología, la cual adopta y sigue el votante. De esta forma, el elector no necesariamente vota por el candidato o partido, sino por la ideología que este representa y el proyecto de nación que postula (Colomer, 2003).

Si un elector se considera de izquierda tenderé, en consecuencia, para ser y sentirse congruente consigo mismo, a votar por un partido y sus candidatos que sean o se proclamen de izquierda. Contrariamente, si el elector se identifica con una ideología más conservadora, tenderá a votar por los candidatos y partidos de derecha o más conservadores.

El elector manifiesta con su voto, una identificación con una determinada ideología, la cual él hace suya. El voto ideológico es aquel apegado a principios, creencias, valores, paradigmas, identidades sociales e ideologías políticas. Aunque aún presente en los procesos políticos, representa tan sólo una pequeña parte del electorado, ya que el nuevo pragmatismo de la política y el abandono o fin de las ideologías ha generado ciudadanos con lealtades electorales más efímeras.[118]

El lineamiento estratégico para movilizar el voto ideológico se debe primero hacer un profundo diagnóstico sobre las identidades y preferencias ideológicas de los votantes. Segundo, a partir de esta información, apelar durante las campañas a las ideologías, a los principios, valores y proyectos de nación con la que se identifiquen la mayoría de los electores. Finalmente, demostrar que los opositores carecen de principios, han olvidado las ideologías e impulsan campañas centradas en los anti-avalores.

p. El voto partidista

Este tipo de sufragio es el que se genera por parte del ciudadano a partir de la identidad política con el partido o institución partidista, formándose, a través de los años, una predisposición, afinidad, simpatía y lealtad favorable hacia un instituto y desfavorable hacia otros.

El voto partidista, también llamado voto duro, difícilmente puede cambiar para favorecer a otra opción política, siendo poco frecuente que pueda ser influido por factores circunstanciales durante las campañas electorales. Es decir, los electores seguirán votando por el partido de su preferencia a pesar de que postulen malos candidatos, haga malas campañas o, incluso, realice actos y acciones cuestionables o reprobables. Este tipo de sufragios, a pesar de la tendencia actual de personalización de la política, todavía es considerable en porcentaje y más en elecciones intermedias para elegir a los diputados locales o federales.

Por ejemplo, para el caso de México, de acuerdo a una encuesta nacional en vivienda realizada en febrero del 2006 por el Grupo periodístico Reforma, 60 por ciento de los ciudadanos con credencial para votar se identifican con algún partido, mientras que el 36 por ciento asegura no tener ninguna adhesión partidaria.[119] En otra encuesta levantada por el Instituto de Mercadotecnia y Opinión (IMO) para la elección federal del 2009 apunta que la identidad partidista fue un elemento determinante en el 70

---

[118] Aquí es importante apuntar que este tipo de electores son, generalmente, radicales en su ideología, puritanos y exigentes, por lo que su sufragio no es mecánico a favor del partido o candidato que publicita una determinada ideología.

[119] Periódico Mural, Guadalajara Jalisco, México, 27 de febrero del 2006, p. 10 Sección Nacional.

por ciento de los sufragios que obtuvieron los partidos en la elección para diputados federales.

El voto duro se puede considerar también como una forma habitual de votar, un voto cultural que representa la forma tradicional de participar en la política y en los procesos electorales. De cierta manera, el voto partidista tiene que ver con el trabajo, la presencia, los recursos y la estructura partidista que ha constituido cada formación política a través de los años.

De esta forma, es común escuchar que determinado instituto político logró el triunfo debido a la añeja presencia del partido, la consolidación y amplitud de su estructura partidista, la unidad y disciplina de sus militantes, la maquinaria político-electoral que se puso en marcha, los recursos económicos con los que cuenta y los intereses creados en la región. Es decir, la identidad partidista y las predisposiciones políticas no se generan de la nada, sino que se construyen con trabajo, esfuerzo y dedicación, utilizando lo que se conoce como la estrategia de las tres S (Suela, Sudor y Saliva).

El lineamiento estratégico para movilizar este tipo de voto consiste en apelar durante las campañas a la identidad partidista, mantener el contacto con los militantes y simpatizantes del partido y, sobre todo, publicitar lo que ha hecho y significado el partido para el bien de la nación y sus habitantes. De la misma manera, se puede hacer campañas de reclutamiento de nuevos miembros y listados de simpatizantes durante las campañas, tratando de diferenciarse como partido de las prácticas, acciones y posicionamiento controvertidos o escandalosos de los adversarios, así como integrando redes y directorios actualizados de sus militantes y simpatizantes, con el fin de movilizarlos el día de las elecciones.

q. Voto clasista

El voto de clase social, se genera por la ubicación del elector en la estructura social. Es decir, la motivación del elector y su orientación política-electoral está en función de la clase social a la que pertenece. El elector, en este caso, apoya al partido, candidato o coalición de partidos que se identifiquen con su clase social. De esta forma, si un elector es miembro de la clase trabajadora tenderá, en consecuencia, a votar por el partido o el candidato que represente su interés de clase. Contrariamente, si el votante pertenece a la clase empresarial, propietaria de los medios de producción, entonces tenderá a apoyar a los partidos y candidatos que defienden sus intereses clasistas.

El voto de clase parte del supuesto de que los electores tienen conciencia de la clase social a la que pertenecen, están también claros sobre los intereses que representan y defienden los partidos y candidatos que contienden en una elección y, sobre todo, tienen una fuerte identificación con los otros miembros de su misma clase social. Es decir, por ejemplo, si son pobres por su bajo ingreso económico, ellos están conscientes de su situación de pobreza, no se arrepienten o avergüenzan de su clase social y sabes que si actúan como clase y votan por lo que defienden sus intereses de clase las cosas pueden cambiar en su beneficio.

El lineamiento estratégico para movilizar este tipo de voto consiste en definir principios programáticos, plataformas electorales y, sobre todo, realizar campañas focalizadas en atender las demandas históricas y los intereses de clase de las grandes mayorías del electorado. Apelar a la identidad de clase social, a sus problemas, necesidades, esperanzas, sueños, emociones, sentimientos y deseos es otra forma también de ganar este tipo de votos para la causa partidista.

r. Voto experiencial

El voto experiencial puede ser de carácter positivo o negativo. El voto experiencial positivo es aquel que se genera cuando se produce una grata experiencia en el elector a partir de la relación e interrelación de los votantes con los partidos políticos, sus candidatos y sus gobiernos. El voto experiencial negativo se genera cuando la experiencia del electorado en pasados comicios, campañas o gobiernos es negativa. En el primer caso se genera una imagen positiva del partido y una mayor aceptación de sus candidatos. En el segundo caso, se genera una imagen negativa y un mayor rechazo hacia sus candidatos.

Un votante satisfecho que ha visto cubiertas sus expectativas con el partido que ha apoyado en pasadas elecciones tenderá a ser leal y seguramente votará por dicho partido en próximas elecciones. Por lo contrario, un elector insatisfecho o molesto con las acciones de los partidos y sus candidatos tenderá a votar en próximos comicios en contra del partido y sus candidatos que le han generado o alimentado su malestar. En este sentido, los partidos le deben apostar a generar experiencias exitosas, reconfortantes, memorables y positivas con los electores, impulsando campañas permanentes sustentadas en la responsabilidad, el bienestar social y el apoyo a las causas populares.

La experiencia del votante en el futuro de las campañas electorales será determinante para definir el carácter de la representación pública y los personajes que detenten y ejerzan el poder político. Quien gane o pierda en el futuro, quien sobreviva o desaparezca como opción política, dependerá de la experiencia que haya construido y dejado entre los votantes.

El planteamiento estratégico para movilizar este tipo de votos consiste en recordarles a los electores, a través de todos los medios posibles, posicionamientos, acciones y episodios pasados o presentes generados en la relación e interrelación política partido-ciudadanos de carácter positivos (en el caso particular de su partido) y negativos (en el caso de los adversarios). Recordar, por ejemplo, que partido y que candidatos ha sido más congruente con las causas de las grandes mayorías en la historia del país, quien tiene las mejores credenciales en materia ética en la conducción de los asuntos públicos, quien ha actuado de manera responsable ante situaciones de crisis y contingencia nacionales, quien ha impulsado acciones para genera el desarrollo y progreso de los ciudadanos, quien ha defendido los intereses de la nación y sus recursos estratégicos y quien "ha dado la cara" a favor de las clases más necesitadas, por señalar algunos ejemplos.

s. Voto relacional

El voto relacional es aquel sufragio que se genera a partir de una relación positiva, grata y placentera entre el partido, sus candidatos y sus gobiernos con los votantes en una perspectiva de corto, mediano y largo plazo. Esto es, si se impulsa una relación armoniosa, afable y comprometida, sustentada en la responsabilidad, el servicio, el afecto, el trabajo, la comunión de intereses y la cercanía del partido con los electores, entonces se generarán las condiciones adecuadas para formar un compromiso político de los ciudadanos con respecto del partido y aumentar las posibilidades de obtener su voto. Contrariamente, si no existe relación con los electores o ésta ha sido negativa, conflictiva, esquiva o convenenciera a favor sólo del partido, entonces se perderá la confianza, la credibilidad y finalmente, las posibilidades de obtener el voto de los ciudadanos. Es decir, también se puede generar un voto relacional negativo o positivo.

En este sentido, los partidos y sus candidatos deben poner especial atención en las relaciones e interrelaciones que se realizan con la ciudadanía en todo momento y no sólo durante el proceso electoral. Es decir, el voto es de quien lo trabaja y lo construye en una perspectiva de corto, mediano y largo plazo, a partir de una relación positiva con los electores. La identidad partidista, también, se construye, no de la noche a la mañana, sino en una perspectiva de mediano y largo alcance, fundada en una relación positiva del elector con la dirigencia partidista, sus posicionamientos, acciones y decisiones.

El planteamiento estratégico para movilizar este tipo de votos consiste en impulsar políticas, planes y acciones estratégicas por parte de los partidos, sus dirigentes, candidatos y gobernantes para mantener relaciones duraderas, gratas y placenteras con los electores antes, durante y después del proceso electoral (y no sólo con sus militantes), mismas que se sustenten en la corresponsabilidad, el servicio, el trabajo y el apoyo mutuo, orientadas a generar ciertos beneficios tanto para los votantes como para los políticos.

4. A manera de conclusión

El conocer con precisión y profundidad qué es lo que mueve a los electores, cuáles son los factores que inciden en su comportamiento político y qué motiva u ocasiona la orientación de su voto, se convierte en una ventaja competitiva muy importante para poder conservar o ganar las posiciones de poder político.

Las investigaciones y estudios que se han realizado sobre el comportamiento electoral, concluyen que el voto es de naturaleza multifactorial. Es decir, no es solamente un factor el que determina e incide en la conducta del votante y explica su comportamiento, sino que son diferentes los factores que lo determinan.

En este trabajo, se describieron los factores más importantes, que aquí se han denominado razones y sinrazones del comportamiento del votante, que inciden en la conducta del elector. Con fines de carácter explicativo, se expusieron también las teorías o hipótesis más usadas en la explicación de la conducta del votante, el tipo de voto que existe y qué es lo que lo genera. De igual forma, se plantearon lineamientos estratégicos para movilizar todos los tipos de votos posibles. Sin embargo, es importante considerar que cada elector, cada campaña y cada proceso electoral es diferente y que no puede haber una única explicación sobre el complejo y diverso comportamiento del votante. En algunos casos, las motivaciones de los electores respondieron a razones culturales y otras a causas emocionales. En algunas campañas, el voto corporativo es importante para definir el resultado de una elección, pero en otras el voto de castigo o ira se constituye en el factor determinante del resultado electoral. Ante esta complejidad y diversidad de hechos y circunstancias presentes en los procesos electorales, es conveniente utilizar un enfoque integral u holístico que nos permita un acercamiento más preciso a la realidad

En este siglo XXI, caracterizado por la democratización de los sistemas políticos y el aumento de la competencia inter-partidista, es imprescindible que los partidos y sus candidatos conozcan a los ciudadanos, sepan qué los mueve o los motiva, conozcan sus deseos, sueños, esperanzas, expectativas, emociones y sentimientos. Quien conozca a profundidad a los electores, sepa de sus razones y sinrazones, esté al tanto de sus filias y sus fobias, sepa de sus simpatías y antipatías y sea, además, competente para articular estrategias inteligentes orientadas a ganar su voto, ha encontrada la llave maestra para acceder y conservar el poder político bajo un sistema de impronta democrática.

Bibliografía

ALDRICH, J. H. (1993). *Rational Choice and Turnout. American Journal of Political Science* 37, No. 1. Pp. 246-278

BARTELS, L. M. (1988). *Presidential primaries and the dynamics of public choice*, Princeton, NJ: Princeton University Press.

BIANCO, W. (1998). *Different paths to the same result: rational choice, political psychology, and impression formation in campaigns.* American Journal of Political Science, 42: 1061-1081

BUTLER, D. & Kavanagh, D. (1997). *The British General Election of 1997*, Londres: Macmillan.

CAMPBELL, J. E & Cherry, L. L. & Wink, K. A. (1992). *The Convention Bump* en *American Politics Quarterly*, vol. 20, págs. 287-307.

COLOMER, J. & Escatel, L. E. (2003). *The left-right dimensión in latin america* "STDEP 165". México. CIDE.

COX, G. W. & Munger, M. C. (1989). *Closeness, expenditures, and turnout in the 1982 U.S. house elections.* Amercian political science review, Vol 83. Pp. 217-231.

DOWNS, A. (1975). *Teoría económica de la democracia,* Madrid: Aguilar.

ENELOW, J. & Hinich, M. J. (1984).   The Spatial Theory of Voting: An Introduction, Cambridge: Cambridge University Press.

FAN, D. (1988).   *Predictions of Public Opinion From the Mass Media*, Nueva York: Greenwood.

FREUD, S. (1988). *Psicologías de Masas y Análisis del Yo.* Ed. Amorrortu, Buenos Aires.

GABRIEL, O. W. & Brettschneider, F. (2002). *The nonpersonalization of voting behavior in Germany.* Compilado por Anthony A. King (ed.). Leaders'personalities and the outcomes of democratic elections. Oxford: Oxford Uniersity Press, pp. 127-157

GANT, M & Dwight D. (1984). Negative voter support in presidential elections. The western political quarterly, vol 37, no. 2: 272-290

GEER, J. G. (1988). *The Effects of Presidential Debates on The Electorate's Preferences for Candidates* , en *American Politics Quarterly*, vol. 16 pags. 486-501.

GERBER, B. & Hernandez, A. A. (2003). *Sinergia y desencanto democrático*. Politica y cultura, primavera No. 19. D.F. México

GRABER, D. A. (1980). Mass media and American politics, Washington, DC: *Congressional Quarterly Press.*

HEATH, A. & Jowell, R. & Curtice, J. & Field, J. & Witherspoon, S. et al. (1991). *Understanding Political Change: the British voter 1964-1987*, Oxford: Pergamon.

HERNANDEZ, A. L. (2009). *La configuración del voto negativo en una democracia emergente: las campañas presidenciales mexicanas de 2000 y 2006.* IEEM, Núm. 10

IYENGAR, S. & Peters, M. & Kinder, D. (1982). *Experimental demonstration of the not-so-minimal, consequences of television news programs,* en *American Political Science Review*, vol. 76, págs. 848-858.

KING, A. (2001). *Do leaders personalities really matter?* A. King, (ed.), Leaders personalities and the outcomes of democratic elections. Oxford: Oxford University Press, pp. 1-43.

KREPS, D. M. (1990). *A Course in Microeconomic Theory*, NJ: Princeton University Press.

LAGO, P. I. (2005). *El voto estratégico en las elecciones generales en España (1977-2000): efectos y mecanismos causales en la explicación del comportamiento electoral.* Madrid: Centro de Investigaciones Sociológicas (recensión en *Sistema* 192: 125-127, 2006).

LAZARFELD, P. F. & Berelson, B. & Gaudet, H. (1944). *The people's Choice: How the Voter Makes Up His Mind in a Presidential Campaign*, New York: Columbia University Press.

MCALLISTER, I. & Studlar, T. D. (1991). *Bandwagon, Underdog, or Projection? Opinion Polls and Electoral Choice in Britain, 1979-1987. The Journal of Politics* 53: 720-740

McCOMBS, M. & Shaw, L. D. (1972). *The agenda-setting function of the mass media*, en *Public Opinion Quaterly*, vol. 36, pp. 176-187.

MENDELSON, P. F. & O´Keefe, G. J. (1976). *The people choose a President*, New York: Praeger.

NAPOLITAN, J. (1997). 100 cosas que he aprendido en 30 años de trabajo como asesor de campañas electorales. Asociación Internacional de asesores políticos, 19 conferencia anual.

NIEMI, R. & Weisberg, H. (2001). *Controversies in voting behaviour*, Washington: CQPress.

NOÉLLE-NEUMAN, E. (1983). *The effects of media on media effects research*, en *Journal of Communication*, vol. 33, págs. 157-165.

NORRIS, P. & Curtice, J. & Sanders, D. & Scammell, M. & Semetko, H. A. (1999) . On Message. *Communicating the ampaign.* Beverly Hills: Sage.

PAGE, B. & Shapiro, R. & Dempsey, G. R. (1987). *Television news and changes in Americans' policy preferences*, en *American Political Science Review*, vol. 83, págs. 23-44.

PATTERSON, T. (1980). *The Mass Media Election*, New York: Praeger.

PEÑAS, L. I. (2005). El voto estratégico de las elecciones generales en España (1997-2000). Madrid: CIS.

PEREZ, L. A. (2001). *Crisis presidenciales: gobernabilidad: ¿hacia un nuevo presidencialismo?.* Latin american research review. Vol 38. Pp. 149-164.

RICO, C. G. (2002). *Candidatos y electores. La popularidad de los lideres y su impacto en el comportamiento electoral.* Barcelona: institut de Ciéncies Polítiques i Socials

SANDERS, D. (1997), Voting and the Electorate. en P. Dunleavy, A. Gamble, I. Holiday y G. Peele, (eds). Developments in British Politics 5, Londres: Macmillan.

SKINNER, B. F. (1981). *Reflexiones sobre conductismo y sociedad.* México: Trillas.

VALDEZ, Z. A. (2009).

WATTENBERG, M. P. (1991). The rise of candidate centered politics. Cambridge, MA: Harvard University Press.

El arte de construir el lema de la campaña

1. Introducción

El uso de los lemas en las campañas electorales en América latina es una práctica muy común, de tal forma que es muy improbable encontrar ejercicios proselitistas de carácter electoral en esta región en la que no se encuentren estos lemas, sea como parte de las acciones de comunicación o elementos de propaganda tanto en campañas electorales locales, estatales o federales. Su uso se ha convertido en una práctica cultural común entre las diferentes y, muchas veces, confrontadas fuerzas políticas e ideológicas de todo tipo, sean estas de izquierda, centro o derecha. Todos por igual, lo han incorporado como una tradición en sus ejercicios político-electorales.

El uso de los lemas en el área pública en América latina, tiene sus orígenes en los escudos de armas y blasones que otorgaba la corona española o portuguesa a las nuevas ciudades en las que se incluía una breve frase o lema.[120] Este escudo y frase, tenían el objetivo de dotarlas de identidad y describir los propósitos, ideas o filosofías por las cuales fue fundada y a la que habría que hacer pleitesía por propios y estaños.[121]

El lema es una palabra o frase breve que expresa el objetivo estratégico, propagandístico o político de un candidato, partido o coalición de partidos. Se usa también como estrategia para lograr visibilidad social, posicionamiento y persuasión en las campañas electorales. Es, a su vez, sinónimo de slogan, que es una palabra anglosajona que significa grito o consigna. Este término proviene del gaélico escocés, mismo que significaba, en su origen, "grito del ejército." De hecho, es un grito de síntesis que cristaliza una idea, define un asunto y, en el mejor de los casos, busca emocionar, exhortar e inspirar a quienes lo escuchan o ven.

En el caso de América Latina, una región en la que la política está muy ligada a la pasión, al rito y al protocolo (a la forma), el uso de lemas en las campañas electorales es muy frecuente, ya que estos le otorgan, en cierta manera, visibilidad, identidad, aceptación, valor simbólico, forma y fondo, así como dirección a la acción político-electoral.

En este anexo, se analiza el uso y objetivos que buscan alcanzar los lemas publicitarios por los diferentes candidatos y partidos políticos, las características más distintivas de estos lemas, los errores más comunes que se cometen en su diseño y los efectos que causan en el proceso de construcción de la legitimidad política, desarrollándose además una metodología (VAZA) para la elaboración de lemas de campaña. Finalmente, se concluye que el uso de los lemas de campaña, tiene como objetivo construir mayorías electorales estables, consensos sociales y afianzar el poder de determinados grupos políticos.

---

[120] Los primeros escudos de armas y blasones aparecieron en Alemania. En España datan del siglo XI. Fueron originalmente destinados a halagar orgullo y vanidades de la clase noble.

[121] La Heráldica es una disciplina auxiliar de la historia, que se encarga del estudio y descripción de los escudos de armas, blasones y lemas de la ciudad.

2. El debate teórico

Como parte del debate teórico, surgen diferentes cuestionamientos sobre el "efecto" que producen los lemas de campaña en la conducta de los votantes, así como el papel que estos juegan en todo el ejercicio de proselitismo electoral que realizan los diferentes partidos y candidatos, de cara a una elección interna o constitucional. Al respecto, las principales interrogantes que surgen son las siguientes: ¿Qué papel juegan los lemas de campaña en el proceso de construcción de mayorías electorales estables y la obtención de votos? ¿El tipo, calidad y pertinencia del lema determinan las posibilidades de éxito o fracaso de la campaña electoral? ¿Los votantes toman en cuenta el lema para determinar su orientación del voto?

Los lemas forman parte de las estrategias de comunicación y persuasión política que impulsan partidos y candidatos con el objetivo de ganar espacios de representación pública, cumpliendo una serie de funciones y objetivos dentro de la propia campaña. Sin embargo, difícilmente podemos asegurar que son determinantes para el éxito o fracaso de la misma. Ciertamente, como atinadamente lo apunta el que fuera publicista de Francisco Mitterrand, Jaques Séquela, una buena campaña no puede hacer ganador a un mal candidato, pero una mala campaña puede hacer perder a un buen candidato.

En este sentido, el lema forma parte de todo un conjunto de acciones de comunicación política, el cual se incluye e imprime en la mayoría de los elementos de propaganda (spots, gallardetes, afiches, espectaculares, objetos utilitarios, papelería oficial, bardas, etc.), orientado a generar visibilidad (llamar la atención), identidad, posicionamiento, simpatía y persuasión entre los votantes por parte del partido y candidato, pero cuyos "efectos" no necesariamente, aunque si en algunos casos,[122] son determinantes en la elección.

Es decir, el lema forma parte de un todo y como tal juega un papel en la campaña. Si la campaña, el tipo, su estilo de gestión, las estrategias, el candidato, los recursos, la inteligencia, la creatividad, la visión, etc., son determinantes para el resultado final de una elección, sin duda, entonces que se tiene que poner atención y cuidado en todas sus partes, incluido por supuesto la creación y diseño del lema de la campaña. Sin embargo, hay muchos casos de procesos electorales en América latina en las que resultó ganador el partido o candidato que utilizó no necesariamente uno de los mejores lemas de campaña. Tal es el caso de la elección en 1999 en Argentina, donde resultó ganador Fernando de la Rua con el lema "Dicen que soy aburrido.[123]"

---

[122] Por ejemplo, en elecciones polarizadas en las que al votante se le presenta una disyuntiva entre continuidad y cambio, el lema de campaña puede jugar un papel muy importante. Tal fue el caso, de la campaña presidencial de Vicente Fox en el 2000, quien utilizó, en la primer parte de la campaña, el lema "El cambio que a ti te conviene." En este sentido, el lema fue muy útil para persuadir al elector de que Fox representaba la opción del cambio.

[123] Son múltiples y diversos los factores que inciden en el resultado final de una elección, ya que no solamente el tipo y carácter de la campaña incide en los votantes, sino el tipo de candidato, los hábitos y

Finalmente, el día de los comicios los votantes toman en cuenta no sólo el lema, que en algunas elecciones exitosas, puede incluso, pasar desapercibido, sino la imagen del candidato, el partido que lo postula y las ideas y propuestas que ellos enarbolan, sus intereses, filias, fobias particulares, sus compromisos e ideales políticos y que pueden o no reflejarse en el slogan de campaña. Existen también campañas electorales exitosas que no usan lemas de campaña, sino el nombre e imagen del candidato y partido.

3. Los objetivos de los lemas

Los lemas cumplen, al menos, seis diferentes objetivos como parte de las estrategias de comunicación política de partidos y sus candidatos. Primeramente, el lema tiene como objetivo posesionarse en la mente y corazón de los electores, **informar** y comunicar a la ciudadanía sobre las ideas, filosofías, acciones, prioridades y determinaciones del candidato y su partido. "Que el poder sirva a la gente" por ejemplo, fue un lema que utilizó el candidato del Partido Revolucionario Institucional (PRI), Francisco Labastida Ochoa en la elección presidencial del 2000, cuyo objetivo central fue informar que estaba buscando el poder pero para ayudar y servir a los demás.[124] En el caso de algunas campañas en otros países de América Latina, por ejemplo, Lula da Silva en Brasil utilizó en el 2002 el lema *"Quero un Brasil decente, quero lula presidente"* [125] y Alejandro Toledo en el 2001 usó el lema *"Toledo, Más trabajo."*[126]

En segundo lugar, el lema tiene el objetivo de persuadir a los ciudadanos sobre las bondades de las acciones, planes, proyectos, programas y estrategias de los candidatos. Por ejemplo, en la elección de 1970 en México, Luis Echeverría Álvarez utilizó el lema "Arriba y adelante," mientras que Carlos Salinas de Gortari utilizó en 1988 el lema "Que hable México." Por su parte, su competidor, Efraín González Luna, postulado por el Partido Acción Nacional (PAN), utilizó 1970 el slogan "México necesita tu apoyo el próximo 5 de julio. Efraín Presidente." En Chile, Ricardo Lagos utilizó el lema "Mano firme, corazón grande." En Galicia España, Manuel Fraga utilizó en el 2005 el lema "Más."

En tercer lugar, el lema cumple el objetivo de impulsar, unir y alentar a una determinada sociedad en la búsqueda de nuevos estadios de desarrollo. Por ejemplo, el lema "Unidos, lo lograremos" tiene como propósito buscar la unidad de los ciudadanos para buscar superar momentos difíciles, alcanzar metas específicas o simplemente concretar un proyecto determinado. Por ejemplo, Cuauhtémoc Cárdenas utilizó en la campaña para la

---

cultura de votación de los electores, la estructura electoral y posicionamiento de los partidos, la coyuntura política del momento, la economía y los medios de comunicación, entre otros.

[124] En este mismo sentido, el lema de campaña del candidato presidencial triunfador en Honduras, Manuel Zelaya del partido Liberal, en la contienda realizada el 27 de noviembre del 2005, fue "poder ciudadano", definido por él mismo como una "praxis fundamental, porque reafirma que la soberanía y el verdadero poder de la nación reside en el pueblo".

[125] En la elección de 1989, Lula utilizó el lema "Trabajador: Vota como trabajador. Lula un brasileño igual a ti."

[126] Otro lema utilizado en la campaña de Toledo fue "Perú es un país viable y prometedor."

jefatura del Distrito Federal el lema "Juntos recuperaremos nuestra ciudad." Es decir, la idea era convencer a la gente de que la unidad era la base fundamental para recuperar la ciudad de los múltiples problemas que la aquejan. En este mismo sentido, José López Portillo utilizó en 1976 el lema "La solución somos todos."

En cuarto lugar, el lema también cumple el objetivo de alagar, reconocer, elevar la auto-estima o explotar el ego de la gente. Dos ejemplos de este tipo de lemas son "Tú eres lo importante" y "Tú puedes hacerlo realidad," que se han utilizado en diferentes campañas locales. En la elección presidencial de 1982, Arnaldo Martínez Verdugo, candidato del Partido Socialista Unificado de México utilizó en lema "Rescatemos lo mejor de nuestra historia."

En quinto lugar, el lema tiene como propósito reafirmar una política, prometer, advertir, retar, evocar al futuro o resaltar una idea de la sociedad. De hecho, la gran mayoría de los eslóganes están orientados a alcanzar estos objetivos como es el caso del lema "Por la Renovación Moral de la Sociedad" utilizado en 1982 por Miguel de la Madrid Hurtado cuando fue candidato del PRI a la presidencia de la república o el utilizado por Diego Fernández de Ceballos en elección presidencial de 1994 que decía "Por un México sin mentiras."[127]

En sexto lugar, un lema busca también diferenciarse de otros competidores. Por ejemplo, Gilberto Rincón Gallardo del Partido Democracia Social utilizó en el 2000 el lema "Démosle una rosa a México." Por su parte, Ernesto Zedillo Ponce de León hizo campaña en 1994 con el lema "Bienestar para tu familia". En este sentido, el lema busca marcar diferencias, señalar ámbitos diversos de influencia o simplemente hacerse notar respecto de otros candidatos o partidos.

Finalmente, todo lema tiene como objetivo general el contribuir en el proceso de construcción de legitimidad política y de ganar votos en las elecciones. Es decir, el lema debe ser entendido como parte de las estrategias de comunicación política que impulsa partidos o candidatos durante las campañas internas o constitucionales en la búsqueda de construcción de mayorías electorales y ventajas competitivas duraderas de cara a la lucha por los espacios de representación pública.

4. Las características de los lemas

Hay campañas electorales monolémicas y plurilémicas. Esto es, las primeras utilizan sólo un lema de campaña, mientras que las segundas utilizan dos o más lemas de campaña. Por ejemplo, Fernando Garza Martínez, pre candidato por el PAN a la gubernatura del Estado de Jalisco en el 2005, ha utilizado tres lemas en un mismo espectacular: "Me cae bien," "A medias nada" y "Con la ley en la mano." La desventaja de este tipo de estrategias es que pueden confundir, saturar y no posesionar los tres lemas. Por su parte, la ventaja de las campañas con un sólo lema es la capacidad de posesionarse en la mente y corazón del votante, sin confundirlo o saturarlo de información.

---

[127] Porfirio Lobo, candidato del Partido Nacional de Honduras utilizó el lema "Trabajo y seguridad."

En muchos casos, los lemas de campaña cambian conforme evoluciona y se desarrolla la contienda. Vicente Fox, por ejemplo, inició con el lema "El cambio que a ti te conviene," después lo cambió por "Ya ganamos" y finalmente concluyó con el "Hoy."

Los lemas de campaña también pueden ser o enarbolar causas políticas, apolíticas o incluso, anti-políticas. En el primer caso, un lema claramente político sería el siguiente "un gobierno de resultados" o "Un político que cumple." En el segundo caso, existen lemas generales que evocan cuestiones fuera de la política y pueden emplearse en todos los campos del desarrollo de un país. Por ejemplo, "De Corazón a Corazón," "Si Cumple" o "Llegó la Hora." Estos lemas no hablan necesariamente de política, aunque pueden tener una interpretación o connotación política. Finalmente, los lemas antipolíticos son aquellos orientados a explotar el rechazo de una parte amplia de la sociedad a la política. Algunos ejemplos son: "No votes por un político, vota por un ecologista" o el lema "No soy político, soy empresario."

Todo lema reúne una serie de características que se deben cubrir con el propósito de avanzar en el proceso de persuasión y construcción de mayorías electorales duraderas. Las características más importantes de un buen lema de gobierno son las siguientes.

a. Breve. Todo lema debe ser breve o corto, para poder usarse en todo espacio propagandístico, ya sea en bardas, folletos, espectaculares, spot de radio y televisión. La brevedad permite no aburrir o cansar al lector y, sobre todo, asegurar su lectura y comprensión por parte de la ciudadanía. Recuérdese que en comunicación, lo menos es más.

b. Sencillo. Otra de las características distintivas de un buen lema de gobierno es su sencillez, misma que facilita el entendimiento por la gran mayoría de los ciudadanos. Sin embargo, es necesario aclarar que sencillo no significa vulgar o anti-estético. De hecho, la sencillez de un lema se complementa con la estética de su diseño y con su orientación positiva.

c. Creativo. Todo lema debe ser creativo e imaginativo, por lo que se deben usar los talentos y la imaginación para diseñar eslóganes que puedan diferenciarse respecto de otros, atraer la atención del ciudadano y movilizar los sentimientos y emociones de los votantes. Ser creativo implica hacer diferentes cosas o, incluso, hacer las mismas cosas pero de manera diferente.

d. Ritmo. Todo lema de gobierno debe tener ritmo. Es decir, cuando el lema sea una frase, está debe elaborarse de tal forma que rime y tenga una sonorización adecuada.

e. Sea fácilmente recordado. El mejor lema de campaña es aquel de fácil memorización y que tiene la distinción de posesionarse rápidamente en la mente de la gente. Es un lema pegadizo, atractivo, que los votantes recuerdan con facilidad e identifican al candidato o partido con esa breve frase publicitaria.

f. General. Un buen lema apela a la mayoría de los votantes de un municipio, estado o nación. No se preocupa por las particularidades o especificidades de subgrupos o regiones, sino por el conjunto del universo electoral. No ve sólo el árbol, sino el bosque. Su preocupación no es el individuo, sino la sociedad (masa) entendida como mercado electoral.

g. Emotivo. Todo buen lema es eminentemente emotivo. Por lo tanto, apela a los sentimientos benévolos de las gentes y busca penetrar no sólo en la mente del elector, sino en la misma piel, buscando llegar hasta las entrañas y permanecer en la profundidad de la conciencia humana. Lo lúdico también es emotivo.

h. Creíble. Un lema que no sea creíble es una pésima inversión. Los mejores lemas de campaña son aquellos que reflejan la realidad, que se apegan a la verdad y son creídos por la gente. Los lemas demagógicos o falsos, que se alejan de lo que los votantes perciben, son rechazados, mientras que los lemas realistas son retenidos y aceptados por la ciudadanía.

i. Persuasivo. Todo lema debe ser persuasivo. Debe buscar, principalmente, el convencer a los demás, el lograr el objetivo por el cual fue diseñado y persuadir a la audiencia. Un lema que no persuade es un mal lema, ya que el fin principal de la comunicación política en una sociedad democrática es la construcción de consensos, de mayorías electorales y de legitimidad social.

5. Errores en su diseño

El elaborar un lema puede pensarse que es una cosa fácil que sólo requiere cierta inspiración para tratar de comunicarse con los votantes. Sin embargo, la creación y diseño profesional de un lema tiene "su ciencia" y reclama de una serie de conocimientos, experiencia y la aplicación de una metodología específica como es el caso del Método VAZA.

Los errores más frecuentes en el diseño y el uso de los lemas en las campañas electorales son, al menos, cuatro. En primer lugar, algunos de ellos son muy complejos, abstractos, sofisticados o técnicos, de tal forma que no todos los ciudadanos entienden el mensaje que se les quiere comunicar. Este error se comete por la diferencia entre los niveles educativos entre quienes diseñan y aprueban estos eslóganes y la mayoría de los ciudadanos a quienes va dirigido, ya que generalmente los diseñadores poseen estudios superiores, mientras que la mayoría de la población posee un grado educativo más bajo.

Al respecto, existen múltiples casos que muestran estos problemas. Por ejemplo, en un municipio rural del Estado de Jalisco (San Martín Hidalgo), un candidato del PRI utilizó en la elección del 2003 el lema "Gestión para la mujer." Al preguntarle, a diferentes personas que entendían por esa frase, algunos señalaron que seguramente el candidato se refería a "mujeres embarazadas o mujeres que estaban en gestación." La idea del candidato era comunicar que durante su administración las mujeres estarían incorporadas en los puestos directivos. Sin embargo, la gente entendía otra cosa, no supo comunicarse con los votantes y finalmente perdió la elección.

En segundo lugar, otro de los errores que se cometen al diseñar lemas de campaña, es que ante los ojos de la ciudadanía, estos eslóganes parecen ser muy demagógicos o poco creíbles. Es decir, muchas veces se diseñan lemas que señalan, por ejemplo, "Tu voz en el Congreso," "Para que vivas mejor" o "Me da Confianza," cuando, desafortunadamente, en realidad la política y muchos de los candidatos o partidos gozan de un verdadero desprestigio y generan nula credibilidad por parte de muchos electores.

Un tercer error en el diseño de un lema de campaña es su grado de especificidad. Es decir, el foco de atención e interés es muy específico como pueden ser los campesinos o sólo los obreros, cuando la gran mayoría de los ciudadanos de un estado, municipio o país, trabajan en el sector servicios. En este tipo de casos, se recomienda el uso de un lema de gobierno mucho más amplio e incluyente que involucre o apele a todos los miembros de la sociedad a la que va dirigido. Ejemplo de estos lemas, es el utilizado por Rosario Ibarra de Piedra, candidato del PRT en la elección de 1982 cuando utilizó el slogan "Por un gobierno obrero y campesino." En este mismo sentido, Jorge González Torres candidato presidencial del PVEM, utilizó en 1994 el lema "Por un México verde" apelando al sentimiento sólo de los ecologistas.

Finalmente, hay lemas de campaña vacíos que no significan nada para los ciudadanos o son muy poco significativos, aunque desde la perspectiva rítmica y sonora se escuche muy bien. Tal es el caso, por ejemplo, del lema "Si o No, pero Ya," que no sólo se ha usado en el ámbito comercial, sino también en el político y gubernamental. Luis Echeverría Álvarez, presidente de México entre los años 1970 y 1976, utilizó el lema "arriba y adelante," no sólo en su campaña electoral, sino también en su ejercicio de gobierno, el cual, a los ojos de muchos ciudadanos, no significaba o comunicaba nada. Por su parte, De la Rua en Argentina utilizó el lema "Dicen que soy aburrido" y Carlos Saúl Menen usó el slogan "Muchos creen que los defraudé."

6. Metodología para su elaboración

Para elaborar un lema de campaña hay muchos métodos y formas de hacerlo. Sin embargo, para asegurar que el diseño y el efecto que se logre sea el adecuado, se debe trabajar bajo una metodología profesional, que aquí hemos denominado el método VAZA. A continuación, se enumeran y explican brevemente los pasos que se deben seguir para obtener un buen lema de campaña.

a. **Creación y diseño.** Para elaborar un lema, primero se debe partir del análisis del mensaje que se desea comunicar y clarificar los objetivos que se buscan alcanzar. Posteriormente, una vez definido esto, se debe pasar a la etapa creativa, a la concepción de la idea. Una vez obtenida la idea, se debe hacer el diseño preciso del eslogan buscando cubrir las características de un buen lema anteriormente señaladas. La lluvia de ideas en las que participe el equipo central de campaña puede ser una mecánica útil para la elaboración de propuestas que finalmente se pueden convertir en el lema de la campaña.

b. **Argumentación**. Una vez que se ha creado y diseñado el lema, se debe pasar a la etapa de justificación del mismo. Para ello se deben responder las siguientes preguntas. ¿qué se quiere decir y que se pretende comunicar? ¿Con quién nos queremos comunicar? ¿Qué efectos queremos causar? ¿alcanza el objetivo que busca? ¿cuáles son las interpretaciones que la sociedad o los opositores pueden dar al lema? ¿No se repite con otros ya usados por otros candidatos, o que ya estén protegidos legalmente? ¿qué argumentos a su favor defienden este lema, por encima de otros? ¿Por qué es el mejor? ¿cumple las características de un buen lema de campaña?

c. **Prueba**. Una vez que pasó la etapa deliberativa, se pone a prueba el lema. Para ello, se hacen pruebas pilotos en la que se pregunta a diferentes electores de diversos estratos sociales, ocupaciones, edades, sexos y localidades sobre su opinión y el efecto persuasivo y de aceptación que genera dicho lema. La prueba incluye su presentación tentativa en diferentes elementos de propaganda, los estudios cuantitativos de opinión y el análisis de expertos.

d. **Aprobación.** Una vez que pasó la etapa de prueba, se pasa a las instancias facultadas para aprobar el lema de campaña, que bien puede ser el candidato, el partido o el equipo de campaña, según sea el caso.

e. **Uso.** Una vez que se ha logrado la aprobación del lema por la instancia correspondiente, se procede a su utilización en los diferentes medios de publicidad, realizando el manual de imagen de la campaña.

f. **Evaluación y retroalimentación.** Finalmente, después de su uso en un tiempo determinado, se procede a hacer evaluaciones sobre su vigencia, analizando y midiendo el efecto persuasivo que está logrando, los alcances y logros obtenidos. De ser necesario, puede determinarse continuar con el lema, hacer algunas modificaciones o, definitivamente, cambiarlo.

7. Comentarios finales

En toda campaña electoral, el uso de los lemas forma parte de las estrategias de comunicación política de candidatos y partidos, orientada a lograr una mayor visibilidad, posicionamiento, persuasión y, principalmente, un mayor número de votos. Estos lemas, deben cumplir una serie de características. Las más importantes son la originalidad, el generar controversia, el tener un valor simbólico, el causar un gran impacto, ser estético y generar notoriedad.

Los mejores lemas son sugerentes, controvertidos, emocionales y fáciles de recordar por parte de los votantes. Si los electores "los traen en su cabeza" y les generan o movilizan algún tipo de emoción, entonces ya cumplieron su papel. Si los lemas no son atendidos, memorizados y recordados por la gente, entonces, son lemas inadecuados. Hay que revisarlos y, si es necesario, incluso hasta cambiarlos.

En toda campaña, como todo proceso de comunicación política, se debe buscar siempre causar efectos en las audiencias a las que se dirigen los mensajes. Los lemas son parte de estos mensajes y del proceso de comunicación persuasiva, que buscan causar ciertos efectos, por eso son presentados de manera sintética y creativa, con fuerza y determinación. Sin embargo, cuando se conceptualizan y diseñan los lemas, siempre se generará controversia por que no existe un lema perfecto para todo momento y para toda campaña.

La política es un campo muy complejo, relativo y siempre cambiante, en la que nunca hay una lectura homogénea de los lemas por todos los electores y por la clase política. Los lemas serán siempre interpretados y leídos de diferente manera por los votantes, así como por los apoyadores del candidato o por sus detractores. De ahí, la importancia de diseñar lemas incluyentes, amplios y regidos por los principios del método VAZA esbozados en este escrito. La incorporación de una dimensión lúdica en el diseño de los lemas de campaña, sin rayar en el abuso, puede ser un atino estratégico.

Acerca del autor

Andrés Valdez Zepeda es doctor en estudios latinoamericanos con especialidad en ciencia política por la Universidad de Nuevo México (USA), donde se graduó con honores. Autor de los libros 1) Campañas Electorales Inteligentes 2) Campañas de Contraste en Sistemas Democráticos 3) Tu imagen, tu éxito: Ideas y estrategias aplicados al espacio público, y 4) Estrategias para campañas electorales: estudio de casos exitosos. Miembro del Sistema Nacional de Investigadores en México desde 1998. Sus líneas de investigación son las campañas electorales, la gerencia política y las estrategias proselitistas. Actualmente, labora como profesor investigador en la Universidad de Guadalajara. azepeda@cucea.udg.mx

Dirección: Pez Austral 3954, Col. Arboledas, C.P 45070, Zapopan, Jalisco, México
Teléfono: (33) 36320057, Cel. 3312639501